ARASHI 嵐 next stage

～21年目までの嵐、22年目からの嵐～

矢吹たかを

太陽出版

プロローグ

嵐が〝嵐〟ではなく、しばらくの間はソロ活動することになった2021年。

ある程度は予想されていたことではあるが、ファンは以前にも増して嵐を〝欲して〟いることが証明された。

「活動休止前、最後の配信ライブのタイトルにもなったアルバム『This is 嵐』が、年明け1月6日発表の最新オリコン週間アルバムランキング（1／11付）で週間1．2万枚を記録し、初登場1位だった11／16付ランキング以来、8週ぶりに1位に返り咲きました。さらに前作のベストアルバム『5×20 All the BEST!! 1999‐2019』も前週32位から12位に上昇。週間シングルランキングでは、昨年9／7付で自身初のシングルミリオンを達成した『カイト』が前週60位から23位へ。週間デジタルシングルランキングでも週間ダウンロード数2．4万DLで前週11位から3位に上昇したのです」（音楽情報誌記者）

またライブ映像作品『ARASHI Anniversary Tour 5×20』も、週間ミュージックDVDランキングで2位。週間ミュージックBlu-ray Discランキングでは昨年10/12付以来13週ぶりに1位に返り咲くと、嵐の映像作品のうちDVDが11作品、Blu-rayが6作品、共にTOP100ランキングに入るなど、総合での週間ミュージックDVD・BDランキングでも前週7位から1位に輝いたのだ。

「確かに活動休止に向けての露出、メディアの盛り上りが一般層の購買意欲を掻き立てた一面はありますが、しかし嵐自体が優れたアーティストでなければ、誰もCDやDVD、Blu-rayを手元に置きたいと思いませんからね」（同音楽情報誌記者）

そして驚くべきことにその勢いは衰えることを知らず、1/18付週間ミュージックDVD・BDランキングでは『ARASHI Anniversary Tour 5×20』が2週連続で1位を獲得。

さらに、嵐の音楽映像作品全24作品のうち『ARASHI Anniversary Tour 5×20』を含む16作品が、TOP100を飛び越えてTOP50内にランクインしたのだ。

「SMAPも解散直後に驚異的な売り上げを示し、あの『世界に一つだけの花』はトリプルミリオン（※300万枚）を超えました。しかしSMAPは二度と新曲を出せない、二度と集まることがないグループです。嵐も先々どうなるかわかりませんが、5人は〝活動休止〟の姿勢を崩していません。つまり活動を再開すれば音楽活動も再開するわけで、まるでSMAP解散後のようなセールスは、ファンや一般視聴者からの〝私たちはあなたたちの音楽やパフォーマンスを愛しています〟という、ラブレターのように感じるのです」（同前）

これだけ愛されていることを自覚したメンバーたちは、果たして活動再開に向かってどんな青写真を思い描いているのだろうか。

本書はメンバーたちの青写真と、テレビ界や芸能界の反応。

そして活動休止に入った2021年1月1日午前0時の時間軸を中心に、メンバーそれぞれの内面に迫ってみたいと思う——。

ARASHI 嵐 next stage

～21年目までの嵐、22年目からの嵐～

目次

嵐 ARASHI
next stage

1st Chapter

“嵐活動休止”前夜

ARASHI next stage

視聴者から嵐へのエール

プロローグでご紹介させて頂いた通り、嵐の勢いは活動休止期間に入っても止まらなかった。

その勢いに一役買ったのは、活動休止までのカウントダウンを彩った〝テレビ出演ラッシュ〟と言っても過言ではない。


「実は年明けの1月半ば、ビデオリサーチが面白いデータを発表しているんです。それは嵐が活動休止に入るまでの2020年12月の1ヶ月間で、嵐の出演番組を〝リアルタイム視聴〟した視聴者の数を合計したデータです。何と視聴者は、全国で推計9339・2万人に到達したというのです」（フジテレビ関係者）

ビデオリサーチは皆さんもご存知、テレビ番組の視聴率調査やラジオ番組の聴取率調査を行っている。

これら様々なメディアリサーチやマーケティングリサーチを手掛けて来年で設立60周年の歴史を誇るというのだから、まさに日本のテレビ史と共にあるような会社だ。

かつて視聴率とは一世帯ごとのデータでまとめられていたが、日本人の生活様式の変化により、現在ではテレビごとの個人視聴率と世帯視聴率に分類され、さらにそれぞれがリアルタイムで視聴する〝リアルタイム視聴率〟、録画などにより放送から1週間以内に再生された〝タイムシフト視聴率〟に細分化されている。

「一般的に単に〝視聴率〟といえば、従来通りの世帯ごとのリアルタイム視聴率を指しています。家族一人一人の年齢、性別などを機器に登録して計測する個人視聴率は、今から24年前の1997年から関東地区限定で導入がスタート。そして2016年の10月クールからは、関東地区でタイムシフト視聴率の調査が始まりました。これは番組のCM枠やスポット(時間帯)枠を購入するスポンサーにとっては、自社のCMをどこでどう流せばいいかの重要な指針になるのです」(同フジテレビ関係者)

そんな視聴率に今回、新たに〝到達人数〟という聞き慣れない数字が登場した。

「これは4才以上における個人が1分以上番組を視聴することを〝番組を見た〟と定義し、その番組をどれだけの人が視聴したのかを推計した値。この定義をクリアした合計視聴者数に到達した人数を弾き出したものが〝到達人数〟です」(同前)

何やら小難しい説明だが、要するに4才以上の視聴者が1分以上その番組を見ていれば〝1人〟とカウントされ、そのカウントされた人数の合計を発表した——ということ。

「2020年12月1日から31日までの期間、嵐メンバー全員が出演した全15番組における日本全国でのリアルタイム〝到達人数〟は、推計で9339・2万人、ほぼ〝1億人〟といってもいいほどの数字でした。嵐が活動休止するまでの1ヶ月間、視聴者がいかに嵐を愛し、嵐に注目していたかという、歴然たる証拠でしょう」(同前)

ちなみに嵐がグループとして出演した15番組とは、レギュラー番組9番組の全編。嵐として出演した音楽番組6番組のうち、嵐の出演シーン(トークと歌唱シーン)のことで、以下のラインナップになっている。

【調査計測対象番組】

・12月2日　フジテレビ系『2020FNS歌謡祭第1夜』
・12月3日　フジテレビ系『VS嵐』
・12月5日　日本テレビ系『嵐にしやがれ』
・12月9日　フジテレビ系『2020FNS歌謡祭第2夜』
・12月10日　フジテレビ系『第2回VS嵐王2時間スペシャル』

・12月11日　テレビ朝日系『ミュージックステーション 2時間SP』
・12月12日　日本テレビ系『嵐にしやがれ』
・12月17日　フジテレビ系『VS嵐』
・12月19日　日本テレビ系『嵐にしやがれ 2時間SP』
・12月24日　フジテレビ系『VS嵐・最終回 4時間生放送スペシャル』
・12月25日　テレビ朝日系『ミュージックステーション ウルトラSUPER LIVE 2020』
・12月26日　日本テレビ系『嵐にしやがれ最終回まであと少し!』
・12月26日　日本テレビ系『嵐にしやがれ・最終回』
・12月30日　TBS系『第62回輝く!日本レコード大賞』
・12月31日　NHK総合『第71回NHK紅白歌合戦』

そして以上の15番組の中で最も視聴人数が多かったのは、『第71回NHK紅白歌合戦』午後9時52分のシーン。

嵐が中継先の東京ドームから『Happiness』を歌唱後、総合司会の内村光良が「嵐のみんな、ありがとうございました！ ひとまずお疲れさま」とメンバーに呼びかけた場面で、視聴者人数は約4145.4万人に到達した。

「活動休止までの1ヶ月間で嵐の出演を見届けた人はおよそ1億人にも上り、嵐が国民的アイドルグループであること、さらにはテレビが持っている視聴者の力を改めて示してくれました。もちろんこの視聴者人数には、15番組すべてを見た熱心なファンの数が重複してカウントされている一面は否めません。しかし紅白でのおよそ4145.4万人の数字は、その瞬間、紛れもなく国民の3分の1は嵐を見送っていたのです」（同前）

そんな嵐にエールを贈ったのは、テレビの前の視聴者だけではない。

あの先輩からも、心に響くエールを贈られていたのだ——。

中居正広からのエール

2021年1月2日、中居正広がパーソナリティを務める『中居正広 ON&ON AIR』(ニッポン放送)で、中居から嵐に贈るエールがオンエアされた。


「中居くんと嵐といえば、嵐がデビューした1999年から2010年の間に出演した『うたばん』(TBS)での、タカさん(石橋貴明)と組んだ大野くんの〝暴言シーン〟がお決まりのネタ。

昨年12月10日に大野くんがゲスト出演した『櫻井・有吉THE夜会SP』では〝嵐とTBS 21年!年表〟と題したコーナーでその下剋上ネタに触れ、当時のVTRからクイズとして出題しました。

実は中居くんとは本番以外で〝話もしたことがなかった〟大野くんの、ビビりながらの暴言を誰よりも楽しんでいたのが中居くんだったのです」(当時の『うたばん』関係者)

石橋貴明がその場で思いついた暴言を大野に耳打ちしやすくするため、大野のMC席での座り位置が石橋の隣になっていたのだと思いきや、それは中居の——

『俺から一番遠い席にいないと、
俺がキレて飛びかかり、メンバーが割って入る画（シーン）が映えない』

——というリクエストから来ていたという。

「確かに暴言の中身の面白さよりも、飛びかかる中居くんをメンバーが必死に押さえるシーンのほうが見せ場でしたからね。暴言を吐き始めた頃は、まだまだ嵐も〝国民的な〟アイドルグループではなかった。中居くんはそんな彼らを視聴者にアピールするため、何とか印象に残ることを先輩としてやってあげたかったのです」（同『うたばん』関係者）

ほとんど話をしたことがなかろうと、嵐は間違いなく自分の後輩。その売り出しに一役買うのは先輩の務め。

「中居くんも2016年早々に退所計画が露見し、同年の大晦日にNHK紅白歌合戦の出場を辞退して解散。そして昨年の3月末でジャニーズ事務所を退所しました。あの2016年、メディアとファンが大騒動になり、決して円満の形でSMAPを解散したわけではない。だからこそ今、活動休止に入った彼らの気持ちがよくわかる。いやむしろ、中居くんにしかわからない」(同前)

レギュラー番組の年頭放送回、冒頭で「HAPPY BIRTHDAY TO YOU!」と叫んだ中居は続いて「あけましておめでとうございます。中居です」と新年の挨拶。

8月18日に49歳になる今年は「40代ラストイヤー。あらやだ! どうしましょ?」とおどけながら、最初の選曲を――

『**何からいこっか……じゃ、嵐**』

――と、デビュー曲『A・RA・SHI』をAMラジオでは珍しいフルコーラスで流したのだ。

そしてフルコーラスからのCM明けに、長いセリフで嵐に対しての想いを語り、エールを贈る。

『嵐、ちょっとお休みするわけじゃないですか？
（今のコロナ禍でも）ブレーキなのか、アクセルなのか、経済を回すのか、
それともストップするのか（たくさんの意見があって）。
でもね、その環境によって、その状況によって、国が出す意見とか政府（の方針）と、
全然僕、ぶれていいような気がするんですよ。
新型ですから、初めてのことですから。
「前こう言ってたのに変わったんじゃないか」って。
……いやいや、状況が変わったんですよ、数字が変わったんですよ。
ちゃんとその説明をしてもらえれば、
全然ぶれることも大事なんじゃないのかなって思ったりしたんですね。

だから嵐くんも、一昨年に「活動をいったんお休みしまーす」って言ってから、1年半、2年弱あったのかな？

「(12月)31日を機にお休みします。

あの～、今週復帰してもいいんですよね？

うん。だから1日、2日、3日……三が日休んで4日から再開します」

――でも、僕はいいと思ってます。

変わってもいいんだ、別にね。

本人たちじゃないからわからないですけど。

「2020年一杯で」って言って、1年半、2年弱、ゴールを目指して、〝いったんお休みします〟までのゴールを目指してやったんだけども、「あれ？これ休まなくてもいいんじゃね？」――みたいな。

わかんないよ。

でも解禁しちゃったしな、いまさら言えないなって。

12月31日で活動をひと休みしますけども、1月の3日再開します。

僕は全然いいと思う。

何なら1カ月後でもいいですし。

うん、2021年の間でもいいですし。もしかして10年後かもしれないし、5年後でも。

それは誰もわかることでもないですけども、そんなんでもいいんですよ。

環境が変わって想いが変わって、志が変わることはあるわけですから。

でもタレントさん、著名人は大変ですよね。

なんかこう、曲げてしまうことがカッコ悪いとか、
気持ちが変わってしまったことの〝ダサさ〟みたいなのをよく言われたりしますけど。

でも変わるにはやっぱ何らかの要因があって、
重ねて重ねて「やっぱ違う」、重ねて重ねて「こっちのほうがいい」、
また重ねて重ねて「また違う」とか。

そういった中で結論を出して、環境が変わって。

僕は全然あっていいんじゃないかなって。

だから嵐くんは別に1カ月後でも1週間後でも。

本人たちしかわからないんで無責任なことを言いますが。

……なんて思ったりしますけども』

中居正広の想いが皆さんにも伝わるように、あえて短くまとめずにご紹介させて頂いた。

これを嵐に対するエールと言わずして、何と呼べばいいのだろう。

そして中居と同じように、芸能界から嵐に寄せるメッセージは届き続けていた——。

芸能界からのエール

芸能界から嵐に寄せられたエールやメッセージを代表したのが、昨年10月期の特番としてオンエアされた『アメトーーク2時間SP』での、〝嵐大好きおじさん（芸人）〟だろう。

博多大吉（博多華丸・大吉）を筆頭に、ノブ（千鳥）、土田晃之、藤本敏史（FUJIWARA）、塚地武雅（ドランクドラゴン）、吉村崇（平成ノブシコブシ）、狩野英孝の7人が溢れる嵐愛を語り、MCの蛍原徹とゲストの博多華丸（博多華丸・大吉）と大悟（千鳥）が〝嵐大好きおじさん〟たちのトークを見守った。

「番組では、おじさんたちと嵐との共演エピソードを中心に、嵐のヒット曲集やライブ映像が流されました。大吉先生が『**（嵐のメンバーは）よくバラエティで僕らにつき合ってくれてるなぁ……と思うくらい、スーパースターの凄さがわかる**』――と感想を漏らすと、おじさんたち全員が納得して頷く。単なるファンの集いになっていましたけどね（笑）」（人気放送作家）

『嵐にしやがれ』をはじめ、おじさんたちの中で最も嵐との共演が多い吉村は、番組収録時の裏話を披露。

塚地が――

『(芸人にとって) アウェーの収録現場ですべての苦労が報われた』

――と感激した松本潤の〝神対応〟を語りながら涙ぐむと、ノブは、

『僕だけじゃなくて家族のことも気遣ってくれた』

――と、門外不出(?)のお宝を公開して自慢する。

さらにノブの嵐愛が高じて生まれた〝嵐漫才〟で思いの丈をぶつけたのだが、実は番組終了後、SNSに流れてきた評判は意外にもあまり芳しくなかったのだ。

「SMAPが解散した後、芸能人の中でのジャニーズ人気は嵐が断然。多くのお笑い芸人やタレントさんが〝嵐好き〟をカミングアウトしました。しかし一般の視聴者から見れば〝そういう彼らも芸能人同士の関係性を利用して嵐と仲良くしている〟としか思えず、嵐ファンの支持を得る売名行為と受け取られてしまったのです」(同人気放送作家)

全員が〝おじさん〟でこれなのだから、女性タレントが嵐好きを口にすればアッという間にバッシングを喰らってしまう。

もちろん嵐に限らず、他のジャニーズアイドルやアーティストでも同じこと。

要はそれがファン心理なのだから。

「ところがそんな芸能人、しかも女性芸人でありながら、まったくファンのバッシングを喰らわない、それどころか〝ファン代表〟の1人として認められている人物がいます。それが森三中の大島美幸さんです」(同前)

大島美幸といえば、ご存知3人組の女性トリオ芸人だ。

嵐デビュー1年前の1998年に東京吉本に所属し、森三中としてデビュー。2002年には交際ゼロ日で放送作家の鈴木おさむ氏と結婚、2015年に長男を出産したママ芸人でもある。

「芸風からもおわかりの通り、女性では珍しい〝ダチョウ倶楽部〟系の体を張る芸人で、〝オンナ〟を売りにしていないところも嵐ファンの女性に嫌われない要素だと思います。それに彼女は松本くんの熱狂的なファンではありますが、ファンとしての自分と芸人としての自分の立場をキッチリとわきまえているので、嵐のメンバーと〝間違いを犯すはずがない〟安心感も支持に繋がっているのでしょう」(同前)

大島は芸人だけにプライベートでは何かと面白いエピソードを拾えるように行動したいところだが、たとえば地方で行われる嵐のコンサートに参戦する時など、「嵐さんに泥を塗らないように丁寧に生活しよう」と、いつも以上に言動やマナーに気をつけて移動、観光するという。

その理由を「いつでも嵐さんや松本さんに見られている、そういう気持ちで生活していかなくちゃいけないから」と語る彼女は、確かにファンを代表するに相応しい考え方の持ち主だ。

「自分が芸人で〝他人よりも目立つ〟ことを自覚し、嵐や松本くんと言わずとも、いつも誰かに見られているのだと意識して行動するのは、とても窮屈な日常を強いられることを意味します。それでも嵐ファンとして、松潤ファンとして〝正しく生きたい〟と願うからこそ、嵐ファンにも好かれている」(同前)

それでも〝いかにも〟な熱狂的ファンらしく、水にこだわる松本潤の影響で「同じ水を調べて取り寄せるようになりました」と生活面での変化を告白しつつ、実際には「他の水との差はわかりません」と正直な感想を明かす。

嵐の活動休止について意見を求められると、「ゆっくり休んで頂きたいという気持ちです。ありがとうしかないです」のエールを贈り、多くのファンから共感されたのだ。

「まだまだ芸能界には、大島さんや〝嵐大好きおじさん〟の他にもたくさんのファンがいます。嵐が活動休止から戻ってきたら、そんな彼らと盛大に〝おかえりなさい〟の番組をやりたいですね。まあ、各局共にそれを狙っていると思いますが」（同前）

しかしそんな願いに水を差すかのような出来事が、2021年に入ると次々と露見することになったのだ——。

〝4人の個別写真〟に込められた嵐5人の〝真の想い〟

すでに話題になっていることもあり、多くの皆さんもご存知だろう。

2021年に入り、嵐ファンクラブ会員の誕生日に届くバースデーカードから大野智の姿が消えていることを——。

「毎年、ファンクラブ会員の誕生日になると、〝HAPPY Birthday!〟のメッセージと共に花束を持って微笑むメンバー5人の集合写真カードが送られてきました。しかし、今年の1月1日以降に誕生日を迎えたファンクラブ会員のもとに届いたのは、大野くん以外の4人。それも個別の写真が4枚並んだカードだったのです。嵐の活動休止記者会見の後、熱心なファンたちは〝これでもしファンクラブまで閉鎖されると、事実上の解散では?〟と先読みしていましたが、ファンクラブの継続が発表されてみんなホッとしていた。それなのに大野くん以外の4人が個別に並ぶカードを、ファンクラブ側は早くから準備していたことが明らかに。活動休止前のラストライブで大野くんが『またね!』と発言してみんな感動に浸っていたのに、一瞬にして冷水をかけられた気分になりました」

これは某民放キー局に勤務する嵐ファンの女性ディレクターの弁だが、確かにファン目線からすると「これから活動再開まで毎年新しい写真を撮り直さなくてもいいから、せめて5人の集合写真のままでいて欲しかった」が本音だろう。

「実際〝ファンクラブ会員に向けてのインフォメーションやサービスをどうするか?〟は、継続を発表してから長い時間をかけ、メンバー間で打ち合わせをしたと聞いています。その結果、いくら4人がソロ活動に入ろうとも**〝ファンに対するメッセージを配信していくべきだ〟**の結論に至り、ならばそれぞれがファンクラブ会員に満足してもらえる方法を探ろうと、今も必死に頭を捻り、模索していると聞いています」

嵐のメンバーに近く、現在も〝あるメンバーのレギュラー番組を担当している〟ディレクター氏は

「会員の皆さんがバースデーカードを見て複雑な気持ちになったのはわかる」としながらも、

「もう少しだけ長い目で見てあげて欲しい」

――と訴えた。

「ファンクラブの継続を申し出たのはメンバーのほうで、ジャニーズ側からは〝いったん、個別ファンクラブにしては？〟の意見も出たそうです。そのほうが個別のソロ活動にも集中出来るし、ファンクラブ形式をやめて無料のインフォメーションにするパターンもある――と。するとまず松本くんから『個別でも無料でも構わないけど、ファンクラブ会員のみんなにメッセージを送る〝縛り〟が薄れると、中身がどんどん適当になる気がする』――と、継続を前提に『嵐として恥ずかしいものにはしたくない』――の意見が出されたのです」（レギュラー番組担当ディレクター氏）

少し補足させて頂くと、松本潤の意見にある〝縛り〟とは、定期的に発行する会報やインフォメーションなど、まずはファンに向けて発するメッセージが『適当になってはいけない』の意味だ。

確かに無料インフォメーションになると、単純にスケジュールを伝えるだけでも構わないと捉えるケースもあるだろう。

「櫻井くん、相葉くん、二宮くんは、松本くんの意見に同調し、『自分たちが決めたのは〝嵐の活動休止〟であり、いつか活動を再開する日のためにもファンクラブを継続して、場合によってはこれまで以上のボリュームでサービスをするべきだ』――と話がまとまったと聞いています」（同担当ディレクター氏）

そうなると問題になるのは、大野智の関わり方だ。

表舞台から離れる以上、たとえばメンバーを介して自分の情報（※近況）が発信されることはあっても、自分から発信する、会報に関わるとなると――

『これまで自分を支えてくれたスタッフやスポンサーさんに〝筋が通らない〟』

――と、大野は主張したそうだ。

それに対し櫻井が――

『でもリーダーがなしのつぶてだと、やっぱりファンは不安になる』

――と説得を試みたものの、1月のバースデーカードの製作過程の問題もあり、最終的には大野の意見を全員が尊重したという。

しかし、それならばなぜ、4人の集合写真ではなく個別写真を並べたのか？

実はそのヒントは、こちらも活動休止前のラストライブ、櫻井翔のメッセージに伏線が張られていたのだ。

「櫻井くんは**『明日からは〝嵐に似た何か〟』**——と自分たちについて語りましたが、そこには**『21年間、一緒にやってきた5人が揃ってこそ〝嵐〟。4人では〝嵐〟じゃない』**——のメッセージが含まれていました。嵐は5人、5人じゃなきゃ嵐ではないからこそ、バースデーカードは個別写真の並びだったのです」（同前）

なぜ、送られてきたのが〝4人の個別写真〟だったのか?

その理由は、そこにあったのだ。

「活動休止を発表し、その最終年にあたる今年でしたが、新型コロナウイルスの影響で予定していたスケジュールの大半をこなすことが出来なかった。ファンの皆さんは残念というしかないでしょうが、近くで彼らを見ていると、逆に彼らの結束力が強くなり、この21年で〝最も仲が良い〟関係にも見えました。櫻井くんは活動再開に手応えを感じているからこそ、大野くんが帰ってくる日まで**『集合写真は5人でしか撮りたくない』**——のです」（同前）

〝4人の個別写真〟に込められた、嵐メンバーの固い決意と真の想い。

『リーダーが帰ってくる日まで、集合写真は5人でしか撮りたくない』

それが彼らの〝真の想い〟。

ファンの皆さんが流す涙は、むしろ喜びの涙ではないだろうか――。

相葉雅紀の決して変わることがない〝嵐愛〟

話は前後するが、嵐が活動休止に入る1週間前の2020年12月24日——。

この日は相葉雅紀38才の誕生日であると共に、番組としては10年ぶりの生放送『VS嵐・最終回4時間生放送スペシャル』(フジテレビ)がオンエアされた日だった。

『VS嵐』は2008年4月12日に毎週土曜日の午後帯でスタートし、2009年10月22日から毎週木曜日19時のゴールデンタイムに移動。

それ以来、丸11年間もフジテレビの〝ゴールデンの顔〟になっていた。

「いつの時代もお茶の間の誰もが楽しめる番組にしたいという思いから、これまでにキッキングスナイパー、クリフクライム、ボンバーストライカーをはじめ、50を超えるゲームを生み出してきたのです」(元『VS嵐』スタッフ)

今さらではあるが、〝VS〟の名の下に数多くの人気俳優、お笑いタレント、文化人、スポーツ選手、さらにはTOKIOとV6、関ジャニ∞以下のジャニーズ事務所所属グループが多数出演した『VS嵐』。

ハリウッドからはトミー・リー・ジョーンズ、ウィル・スミス、トム・クルーズ、キャメロン・ディアス。そしてサッカー界のスーパースター、クリスティアーノ・ロナウド。

誰もが知る海外の大スターもスペシャルゲストとして登場し、〝アイドル界の頂点〟に立つ嵐だからこそゲスト出演をOKした対戦相手たちと、バラエティ番組史上に残る対決を繰り広げてきたのだ。

「ラストのゲーム対決には生田斗真くん、妻夫木聡くん、佐藤隆太くん、村上信五くんが〝打倒嵐！連合軍〟として出演し、何と嵐が敗北する盛大なオチが。そして3連覇中の〝最弱女王〟仲間由紀恵さんが永久最弱王から逃れられるかどうか、注目のババ抜き最弱王決定戦『BABA嵐 THE FINAL』には上戸彩さん、菊地亜美さん、北川景子さん、北村一輝さん、佐藤健さん、田中将大さん、戸田恵梨香さん、仲間由紀恵さん、生瀬勝久さん、波瑠さん、ヒロミさん、松岡昌宏（TOKIO）さん、山崎弘也（アンタッチャブル）さん、吉沢亮さん……と、まさに〝奇跡〟と言っても過言ではない豪華メンバーが出演を志願してくださいました」（同元『VS嵐』スタッフ）

最終回ゆえの〝永久最弱王〟には波瑠が輝き、こちらにも〝確敗級〟の仲間由紀恵が4連覇を免れる波乱（?）のオチがつく。

そして2週連続〝5人だけのロケ〟後編では、お互いにしみじみと語り合い、メンバー愛に溢れる時間と空間が演出されたのだ。

「後にこの時の発言が様々な捉えられ方をされましたが、放送当日に誕生日を迎えた相葉くんをお祝いするシーンでの、相葉くんから始まるやり取り。あそこがみんなの本心を表す最高のセリフだったのではないでしょうか」（同前）

相葉雅紀が思わず漏らした――

『みんなに出会えて良かったな』

――のセリフ。

櫻井翔が懐かしむように――

『楽しかったよね』

――と続くと、大野智は、

『いろんなことがあったもんね』

――と、どこか申し訳なさそうな表情に。

さらに相葉が――

『**すごくいいグループだよ、嵐って**』

――と語り、二宮和也の頭をポンポンしながら、

『**大好きだよ**』

――と涙目に。

みんなのやり取りを見守っていた松本潤が――

『**愛が溢れてる**』

――と微笑む。

この一連のやり取りに、嵐の21年間がギュッと凝縮されていたのではないだろうか。

「今後の活動再開におけるキーパーソンは間違いなく相葉くんだと思っています」(前出元『VS嵐』スタッフ)

あの5人だけのロケのフィナーレで――

『マジで、みんなに出会えて良かったな。
このメンバーじゃなかったら絶対21年続いてなかったし、
こんな素敵な38歳を迎えられてなかった。
これからちょっと休止に入るけども、
みんなとはこうやって月に1回とかでも飲み会が出来たらいいなって思ってる。
皆さん、これからもよろしくお願いします』

――と頭を下げた相葉。

「相葉くんは、しつこいほどみんなを誘い続け、必ず月に1回の飲み会を実現させると思います。
なぜかって？ それは彼が底抜けに純真だから。彼の言葉には嘘がないんですよ。ファンの皆さんはファンクラブの対応等でいろいろと心配されているかもしれませんが、相葉くんが嵐を愛し続けている限り、彼は全力で〝5人とファンの皆さんの時間〟を取り戻してくれますよ」(同前)

嵐は活動休止に入ってしまったが、相葉の〝嵐愛〟は決して変わらない。

『5人で〝嵐〟として、再びみんなのもとに戻ってこよう!』

道は決して平坦ではないかもしれない。
しかし何よりも相葉の〝嵐〟を想う気持ち、そして5人の固い絆がある限り。
皆さんも我々と共に、相葉雅紀の〝想い〟を信じてみようではないか——。

嵐 ARASHI
next stage

2nd Chapter

大野智

Satoshi Ohno next stage

活動休止中の大野智の動向

昨年12月、主要メディアの芸能担当責任者のもとに、あくまでも〝非公式〟の形ではあるものの、ジャニーズ事務所上層部からの「お願い」が届いたという。

話してくれたのは、フジテレビ情報センターでワイドショーを担当するディレクターだ。

「2021年1月1日以降、芸能活動を休業する大野くんに対しての取材、所在確認、さらにはプライベートを漁ることなどの行為全般を〝ご遠慮願いたい〟という通知でした。ジャニーズに限らず大手芸能プロダクションが〝ご遠慮願いたい〟というのは、〝するな〟の意味。さらに、通達を破って報道した他メディアに追随することも〝ご遠慮を〟と。嵐が活動を休止してもメンバー4人は健在ですし、King & Prince、SixTONES、Snow Manの3組の人気を考えると、その通達に抗うメディアなんて極々一部しかいないでしょう」（フジテレビ情報センターディレクター）

噂によるとあの〝文春砲〟でさえ、しばらくはアンタッチャブルを通すとのこと。

「ああ見えて文春砲は、不倫や浮気など五分五分以上で世論が味方につきそうなネタ以外、実は積極的には扱わない方針ですからね。惜しまれて、あれだけ日本中を巻き込んで休業に入った大野くんを追いかけても、間違いなく世論を敵に回してしまいますからね」(同ディレクター)

しかし、いくら大野智が芸能界からしばし姿を消しても、完全には放っておいてくれないのも事実で、横紙（通達）破りのメディアはそのうち必ず現れる。

「一部には東京ドームのコンサートが終わった後、休業中も世話をしてくれる個人事務所のスタッフが運転する車で〝地方空港まで行き、飛行機を乗り継いで沖縄に入った〟という噂もあれば、〝元日に出航する長距離フェリーで九州に向かった〟〝マスコミの裏をかき、噂にも上らなかった北海道の別荘に滞在している〟〝都内の隠れ家用マンションで脱出するタイミングを図っている〟……などなど、無責任な話ばかりが回ってきます。おそらくは最も正解に近いのは〝都内の隠れ家マンションに滞在中〟……ではないかと踏んでます。昨年末の余韻が世間に残っている間はどこに行っても見つかってしまい、SNSに投稿されるのがオチですから」(同前)

確かに格好のターゲットになってしまうだろう。

すると昨年まで『嵐にしやがれ』を担当していたスタッフ氏が、「誰に聞いたのかは死んでも明かしません」の前提で、こんな証言を教えてくれた。

「大野くんは常々『沖縄とかめっちゃ良いよ。めっちゃ良いんだけどさ、何もやる気が起きなくなるの。朝からお酒飲んでも誰も怒らないいし、ずっと寝てても誰にも迷惑をかけない。良いんだけどさ、さすがに1ヶ月も続けていたら飽きるだろ』――と話していて、一度ジャニーズから離れたいとは言ったものの、『何もせずに遊んで暮らすとは言ってないじゃん』――とのことです」(『嵐にしやがれ』担当スタッフ氏)

そう、我々は最初から大野智が「〝好きな釣りだけして暮らしたい〟と考えている」と思い込んでいるのだ。

「昨年の個展で大野くんが『次に何か作りたくなったら作るかも』――的な発言をし、アーティスト活動からも離れるかのように捉えられていますが、そもそも彼は多作ではありませんし、もともとそういうペース。どうやら僕たちは、意図的にミスリードされているのでは」(同スタッフ氏)

これらがすべて、ジャニーズ事務所の戦略だとは言わない。

だが大野智という男、伊達に嵐のリーダーを21年間務めてきたわけではない。

実は様々な噂の陰に隠れて、密かに〝次の活動〟の準備を着々と進めているのかもしれない。

それがたとえ〝嵐〟や〝芸能界〟と直接関係ない分野だとしても、活動休止中にアーティスト大野智がどんなジャンルに自身の活動の矛先を向けるのか、大いに楽しみではないか――。

大野智が憧れる〝タモリスタイル〟

昨年の12月、テレビ界では〝ある噂〟が話題になっていたという。

「〝King&Princeの永瀬廉くんがタモリさんに誘われ、自宅で焼き肉を振る舞ってもらった〟というものです。キンプリとタモリさんは『MUSIC STATION』で接点はありますが、まさか自宅に招かれて焼き肉をご馳走になったとは。もし噂が本当なら、タモリさんが自宅に招いたジャニーズのメンバーはSMAP以来じゃないの!?……とも話題になったんです」(テレビ朝日関係者)

実はこの噂にはいくつかのパターンがあり、タモリが行きつけの「新宿の焼肉屋でご馳走した」に始まり、「西麻布の個室焼肉屋らしい」「いや、松潤も常連の中目黒の隠れ家焼肉だよ」……などなど。

これは真贋を確かめるまでもなく〝ガセネタ〟に違いないだろう(苦笑)。

「実際に〝ガセネタ〟でした。噂の発信源は某アイドル誌の記事らしく、何でも永瀬くんに取材したライターが、永瀬くんがキスマイの玉森くんを〝タマさん〟と呼んだのを〝タモさん〟と聞き間違え、そのまま〝タモさん〟と掲載されたことが原因のようです。逆に永瀬くんは『俺なんかがタモリさんを〝タモさん〟って呼んでると思われたら、もう『Mステ』呼んでもらえへんやん！』――とビビリまくっているとか」（同テレビ朝日関係者）

フタを開けてみると〝チャンチャン〟で終わる話だが、まだ真相がわかる前に噂を耳にし――

『タモリさん……俺とご飯に行く約束をしていたのに』

――とショックを受けたのが大野智だったという。

「大野くんは『すっごい楽しみにしていたのに。何で（ジャニーズの）後輩のほうが先なんだよ』――と、かなり落ち込んでましたね。僕らが〝何かの間違いだし、ご本人に確かめてみれば？〟と言っても、『無理無理！ そんな気安く聞きに行けないよ!!』――と駄々っ子みたいでした」

嵐とは長いつき合いになる『MUSIC STATION』プロデューサー氏は、

「タモリさんの口から〝永瀬くん〟の名前を聞いたことはないし、端から何かの間違いだと思ってました」

——と苦笑いを浮かべながら明かしてくれた。

「嵐のメンバーにしても、番組では気安く話はしていますが、連絡先を交換しているとは思えない。でも大野くんに関しては趣味も合うし、芸能界引退か活動休止かで悩んでいたと聞けば、タモリさんの性格ならば〝ちょっとメシでも食いながら話でもしようか〟と誘っていてもおかしくはありません」

(『MUSIC STATION』プロデューサー氏)

しかもプロデューサー氏によると〝ちょっとメシ〟どころではなく、タモリが所有する静岡県内の別邸に向かい、駿河湾でクルージングを楽しむ約束だったというではないか。

「大野くんも一級船舶の免許を持っているので、タモリさんの地元(※別邸)の仲間や大野くんの釣り仲間含め、〝バーベキューでもやりたいね〟と計画していたといいます。時期的には寒いですが、冬場のほうが魚は旨い。確かにそこまで約束していたのであれば、大野くんがショックを受ける気持ちはわかります」(同プロデューサー氏)

嵐が『MUSIC STATION』に出演するたび、大野はタモリの楽屋を訪れては「海はいいよな～」と、クルージングの話に聞き入っていたそうだ。

「なぜタモリさんが静岡県内に別邸を構えてクルーザーを停泊させているのかに始まり、しまいには具体的な費用や維持費も詳しく質問していたといいます。僕らスタッフの間では、週刊誌を賑わせていた大野くんの沖縄移住とか、〝ひょっとしてタモリさんのケースを参考にしていたんじゃないか〟……って言われてもいましたよ」(同前)

静岡県内ならば沖縄本島や宮古島のような気候は望めなくても、東京も近いし、釣りはもちろんのことソロキャンプ用地も確保出来る。

ただしバレたら、翌日から一大観光地と化してしまうだろうが……。

「ずっとウジウジしているので、大野くんに〝僕が聞いてきてあげるよ!〟と言ったのですが、それは『**怖いのでヤダ**』――と(苦笑)」(同前)

果たして大野はタモリのもとを訪れ、真偽(……というか、そもそもガセネタ)を確かめたのだろうか――。

『タモリさんは本当に何でも知ってるし、
知らないことは〝自分で確かめなきゃ気が済まない〟性格なんです。
だから話しているだけで勉強になるし、(上島)竜ちゃんと飲んでいると——
「絶対に敵わないのは志村(けん)さんと(ビート)たけしさんとタモリさん。
それとさんまさんもそうだけど、あの人たちは化け物のような好奇心を持っている。
ブラックホールのように何でも吸い込んじゃう」
——って言うんだけど、それは竜ちゃんで唯一納得できる名言。
勉強させてもらいたいこと、たくさんあるな〜』

そう明かす大野智は、果たしてどんな生活スタイルで活動休止期間を過ごそうとしているのだろう。
タモリを見習って、〝タモリスタイル〟の生活を送るのだろうか——。

〝後輩嫌い〟(？)に表われた心境の変化

「大野くんは東京オリンピックの中止が正式に決まった後から、なぜかジャニーズの後輩に興味を持つようになったんです。それまでは親密ぶりが有名なNEWSの加藤シゲアキくん以外、Hey! Say! JUMPの知念侑李くんぐらいしか名前を聞いたことがなかったのに。いきなりKis-My-Ft2の二階堂高嗣くんと『**キャンプ友だちになった**』――とか。活動休止前に心境の変化というか、先輩らしいところを見せたくなったのでしょうか」

日本テレビ『嵐にしやがれ』元スタッフ氏は、昨年感じていた大野智の変化について、そう明かしてくれた。

「もともと、大野くんのパフォーマンスは東山紀之さんが『**歴代ジャニーズの中でも上位**』――と言うほどで、後輩たちの憧れの対象ではあったんです。先の知念くんを筆頭に、Hey! Say! JUMPでは山田涼介くんや有岡大貴くん、さらにSexy Zoneの佐藤勝利くんなど、グループの〝センター〟を張るようなメンバーから高い支持を集めていました」（『嵐にしやがれ』元スタッフ氏）

その他、デビュー組ではKing & Princeの岸優太。

あの「二宮くん大好き!」を連呼する関西ジャニーズJr.・なにわ男子の西畑大吾も「パフォーマンスで目標にしているのは大野くん」と言うほど。

さらには昨年末の『SASUKE』参戦で名前を上げたジャニーズJr.の菅田琳寧(7 MEN 侍)、同じくJr.の作間龍斗(HiHi Jets)らも〝大野チルドレン〟のメンバーだ。

「後輩からのアプローチは多いのに、距離を縮めることがない。知念くんも〝大野くん大好き〟と公言してから連絡先を交換するまで何年もかかっているし、さらに交換したからといって、食事に出かけたのは1回か2回。〝大野くん家の合鍵を持ってるんじゃない?〟と噂される加藤くんとはあまりにも差がありすぎます(苦笑)」(同スタッフ氏)

しかし傍目には〝後輩嫌い〟にも見える大野が、昨年後半「何度も名前を出していました」(同スタッフ氏)という後輩が、ここにきて新たに2人も誕生したというではないか。

「King & Princeの髙橋海人くんとSnow Manのラウールくんです。昨年、音楽特番などで2組とは何度も共演し、**『あの子たちの踊り、いいね。レベルが高いことを平気な顔でこなしてる』**——と、大野くんが関心を持ったようです」(同前)

高橋海人はジャニーズJr.に入所する以前にはキッズダンサーとしてコンテストの入賞経験もあり、今やそんな彼に憧れたキッズダンサーの多くからジャニーズ事務所に履歴書が届くほど。

かつてはキッズダンサーがJr.に入ってもジャンルが違うアイドルのダンスに馴染めず、すぐに辞めてしまう例が後を絶たなかった。

しかしこの高橋、そして所属するダンスチームで世界大会準優勝の経歴を持つラウールらがJr.時代に頭角を現してCDデビューを果たすと、再び〝経験者〟の応募が増えているほどの影響力らしい。

「大野くんは自分が歌と踊りで嵐に抜擢されたことをずっと誇りに思ってきたので、最初に目がいくのはパフォーマンスなのでしょう。特にラウールくんに関しては『**なかなか日本人にはガツンと歌えない音域をクリアしているのは、彼がハーフだからかな**』――など、独特の感性で評価していました」(同前)

ちなみに高橋が〝熱烈なまっすー推し〟と聞くと、大野は――

『**だったら歌の部分でもまっすー並みを目指さなきゃ。**
そうしたら鬼に金棒だよ』

――と言っていたとか。

『何だろう……やっぱりさ、俺はJr.のサバイバル競争が激しかった時代に入って、
勝ち抜くために京都（関西ジャニーズJr.舞台『KYO TO KYO』）に行って闘ったわけ。
だから今の後輩たちの姿を見ていると、
相対的なレベルは20何年前とは比べ物にならないぐらい上がってはいても、
精神的な面では激弱にしか見えない。
後輩を引き上げるのは先輩の役目でも、
俺のこだわりに応えてくれる後輩はほとんどいなかったんです』

——本心をそう明かした大野だが、それが周囲には〝後輩嫌い〟に映ってしまった理由だろう。

『活動休止まで1年を切って、

「やっぱり俺がジャニーさんから教わったことを受け継がせたい」

——そんな気持ちには当然なりますよ。

だってジャニーさん、もういないんだから……』

寂しそうに語り、改めて前を向いた大野智。

活動休止前にそう語っていたという大野だが、活動休止期間に入り、いったん嵐と距離を置いたところで、大野は後輩たちとどう関わり、後輩たちに何を伝えていくのだろうか――。

〝サトシーラ〟への深い思い入れ

King & Princeの神宮寺勇太が女優の吉高由里子、Hey! Say! JUMP知念侑李と共演する新CMが、長年、大野智がCMキャラクターを務めてきたアレルギー専用鼻炎薬『アレグラFX』(久光製薬)だ。

大野は2013年から『アレグラFX』のシリーズCMに登場。

花粉(症)に苦しむ地球人を救う〝アレグラ人〟のリーダー、サトシーラを約8年間演じた。

昨年秋には最後のバージョンとして〝秋の花粉にもアレーグラー!!〟とポーズを決める作品が放映されている。

大野智(サトシーラ)に代わり、新たにCMキャラクターに抜擢された神宮寺勇太は、昨年加わった知念侑李(チネラー)と共に、サトシーラの後任として地球にやって来たアレグラ人の〝ジングーラ〟を演じている。

また神宮寺同様、今年から抜擢された吉高由里子は、花粉症に悩まされるOL・ゆりことして登場。チネラーとジングーラが〝ゆりこと地球の人々〟を救う活躍ぶりが、キャラクターのコンセプトに設定されているという。

「実は一昨年、大野くんが2020年一杯ですべてのCMから降板することが内々で広まった際、大正製薬さんが同じくアレルギー専用鼻炎薬『クラリチンEX』のCMキャラクターに〝櫻井翔くんを起用したい〟とオファーを出したんです。本来ならば出来るだけ嵐のメンバー内で競合CMが被らないようにするところ、あえて昨年から櫻井くんが『クラリチンEX』に登場しているのは、今年からだとスポンサーを乗り換えたネガティブイメージが付きかねないので、あえて1年前から競合CMを受けたとのことです。櫻井くんは今年も『クラリチンEX』の顔を務めています」（大手広告代理店担当者）

〝意外〟といっては失礼だが、大野は『アレグラFX』シリーズのCMにかなりの愛着を持っていたようだ。

『僕がアレグラ人のリーダー〝サトシーラ〟というキャラクターを演じて約8年。
全身紫色の衣装、髪まで紫色とビジュアルインパクト大のサトシーラは、
僕の大好きなキャラクターのうちの一人です。
お決まりの「花粉だ！ 鼻炎だ！ アレーグラー！」のポーズも、
実は毎年微妙にバージョンアップをしていて、
特にチネラーとコンビを組んだ2020年バージョンは、最高の出来だと思います。
本当に楽しかった』

——と語っている。

「当時、大野くんがよく口にしていたのは、『サトシーラは細かいディテールまでストーリーが出来ていて、こちらも気持ちを作り易かったし、何よりも〝今年はどんな感じで（設定が）来るんだろう？〟〝誰と一緒に出るのかな〟って、最後までワクワク感が途切れなかった』——という楽しみでした。
確かにこれまでにプロレスラーの桜庭和志さんや、大女優であり歌手でもある夏木マリさん、さらにはサトシーラの母親役には大ベテラン女優のあき竹城さんなどが扮し、現場も盛り上がったと聞いています」（同大手広告代理店担当者）

先ほど、大野が『最高の出来』と語った2020年バージョンには、サトシーラが8年間の任務を終えてアレグラ星に帰還するにあたり、これまでの活躍の様子を30秒間に凝縮した壮大なスペシャルCMも放映されている。

春夏秋冬、様々な花粉に立ち向かい、花粉に苦しむ人々を救うためだけに戦い続けてきたサトシーラ。

2013年に全身紫色の姿で地球へ降り立ち、キレキレのアレグラポーズを見せた登場シーンから、紫色の獅子頭に袢姿でダイナミックに見得を切ってみせた2015年。

サトシーラが密かに想いを寄せる地球人のキレイなお姉さん、サトコ（大野二役）が登場した2017年。

新たに知念扮する後輩アレグラ人、チネラーが加わった2020年へと時系列で辿ったものだった。

「制作チームは大野くんが〝卒業〟した後、何よりも大野くんに〝サトシーラがアレグラ星に帰ったからといって、適当な内容になってるんじゃないの?〟と言われたくないため、去年まで以上に緻密なキャラクター設定を作り込んだといいます」（同前）

たとえば吉高由里子演じるOLのゆりこは〝都会で働く花粉症歴3年のアラサー女性。明るくて少々天然の性格だが、花粉対策はしっかりしており、花粉の季節も自分らしい生活を送っている。紫芋が大好物という一面も〟というキャラクター。

去年からCMキャラクターとして参加している知念にも、〝幼い頃から正義感と体幹が強く、銀河系体操選手権で優勝した実績を持っている。甘いマスクでアレグラ人女性のファンも多い。ちなみに得意料理は紫キャベツのマリネらしい〟というキャラクター。

そして神宮寺が演じる新人アレグラ人のジングーラは、〝チネラーと同じダンス教室に通っていた後輩アレグラ人で、オフの日は自宅でもアレグラポーズの練習に余念がない努力家。好きなフルーツは巨峰。人気のシャインマスカットには見向きもせず、断固として紫色のぶどうを支持している〟という設定を。

一種のスペースファンタジーを感じさせる作品だ。

さらに大野智自身も、昨年の年末にこんな想いを明かしている。

『そういう諸々の内容を聞いたのは今年（2020年）の秋口だったんですけど、
久光製薬さんも代理店さんも、皆さんが、
「大野くんの魂を受け継ぐCMがつまらなかったら、大野くんの顔に泥を塗ることになる」って、
めちゃめちゃ嬉しいことを言ってくださって。
自分はCMキャラクターに呼び続けてもらえただけでもありがたいのに、
自分の8年間をそこまで評価して頂けるとは』

スポンサーの久光製薬はアレグラシリーズの他にも、二宮和也の『サロンパス』CMで嵐とは縁が深い一流企業。

活動休止に入る直前の嵐〝HELLO NEW DREAM. PROJECT〟に賛同する13社の一角でもあり、嵐と大野智に対する思い入れは強いに違いない。

〝感謝〟以外に、大野の気持ちを表す言葉はないだろう。

アレグラ星に帰ったサトシーラが地球に戻り、花粉症に悩む地球人を再び救う日はやって来るのか。

〝その日〟が来るのを楽しみに待とうではないか──。

『じゃあ、またね！』——大野智の言動に込められたメッセージ

12月24日にオンエアされた『VS嵐』最終回スペシャルをはじめ、特に12月に入ってからの大野智の言動に〝違和感〟を感じたテレビ関係者は多い。

「大野くんは、そのスペシャルの5人ロケはもちろんのこと、様々なインタビューで『**嵐は最強**』『**嵐のようなグループは二度と現れない**』『**嵐を超えるグループは出てこない**』——と、殊更強調していたんです。聞き手のほうは頷くしかありませんし、メンバーも同調していいものか困り顔。特に松本くんは『**（また言ってるよ）**』——と苦笑いを通り越し、呆れ顔になる瞬間もあったと聞いています」（人気放送作家氏）

確かに嵐は昨年まで、芸能界の頂点に君臨していた。

イヤらしい話だが、昨年の活動休止関連の有料配信ライブや音楽ソフト、グッズの売り上げは、特需を込みとしても1，000億円を超えたのではないか？……とする試算もあるほどだ。

しかし大野智は、それをもって『嵐は史上最強』と雄叫びを上げたわけではないだろう。

「たとえば年末、在京スポーツ新聞6社が合同インタビュー取材を行い、12月26日付紙面をジャックする企画がありました」

話してくれたのはその在京スポーツ紙の1紙で、ジャニーズ担当を務める編集デスク氏。

「ある意味〝身内〟を前にしたインタビューで、メンバーもリラックスしていたのもあったと思います。話がジャニーズ事務所の後輩に及んだ時の大野くんの様子が、微妙におかしかったんですよね」（ジャニーズ担当編集デスク氏）

おそらくそれは、冒頭のテレビ関係者たちが感じていた〝違和感〟に近いものだろう。

「相葉くんが『最近デビューした後輩たちは完成度がめちゃめちゃ高いよね。デビューしましたというその瞬間から』――と褒め、さらに櫻井くんが『有吉さんとやっている番組（『櫻井・有吉THE夜会』）とか、そうすると（後輩たちは）みんな一芸を持ってくる。〝僕はこういうのあります〟とか〝こんなキャラです〟とか。そんなの僕らの時はなかったから、〝いや～すごいな、みんな〟というのと同時に、やっぱり個性をそれぞれ磨いて、知ってもらおうって思っている気持ちの面でも本当にすごいなって思う』――と続けると、インタビュアーが〝嵐は数字でいうと圧倒的な存在であって、それを超えるグループは出てきますか〟とノリで話を繋いだ時のことでした」（同編集デスク氏）

二宮和也が盛り上げようとしたのか、インタビュアーが望む――

『いや～出てこないでしょう』

――と答え、すぐに松本潤に、

『出てくるわ！』

――とツッコまれる。

『ごめんなさい。
そりゃそうですね。出てくるか』

――と二宮が笑いながらリアクションをすると、大野智は真顔でこう言った。

『いや、実際現れないと思います』

――と。

「その1発目は笑えても、他のメンバーがそろそろ話を落とそうとしている中、大野くんは『もちろん（出てこない）です』――と答えるのみ。みんな何とか話をまとめようと焦ってましたね」（同前）

こうして文字にしてしまうと、そこまで妙な空気になったとは思えないが、現場に立ち合っていた編集デスク氏の表情が物語っているではないか。

「ハッキリ言ってしまえば、嵐を活動休止に導いたのは、大野くんが『嵐を辞めたい』と言い出したことに端を発しています。それとこれは別だと仰る方もいるでしょうが、その時の大野くんには『むしろ自分のおかげで嵐は〝伝説〟のまま終われた』――と胸を張っているかのようにも感じたのです」（同前）

さすがにそれは編集デスク氏の穿った見方だろう。

大野自身がそこまで思っているはずがない。

しかしながら確かに大野の——

『嵐は最強』
『嵐のようなグループは二度と現れない』
『嵐を超えるグループは出てこない』

——という〝こだわり〟には、

「なぜ最後になってそこまで?」

——の〝違和感〟は感じる。

「大野くんの〝本心〟はどうなのでしょう? 活動休止中に〝嵐再始動〟への気持ちを作り上げてくれるに違いない——そう信じたいですね」(同前)

もしかするとそれは〝嵐を超えそうな後輩たちの存在〟が再始動への導火線になるのでは?

……と、考えたりもする。

12月31日の配信ライブで投げかけた――

『じゃあ、またね!』

この言葉に込められた大野智の本心とは?

大野から、すべての嵐ファンに向けての〝再会〟を意味するメッセージであったと信じよう――。

3rd Chapter

櫻井翔

S h o S a k u r a i next stage

櫻井翔に進行中の〝ビッグプロジェクト〟

2021年に入り、5人分の仕事を2人でこなしているかのように見える櫻井翔と相葉雅紀。

『嵐にしやがれ』が『1億3000万人のSHOWチャンネル』に、『VS嵐』が『VS魂』になったのでそれも当然だが、櫻井の周辺では〝あるビッグプロジェクト〟が進行しているという。

明かしてくれたのは『news zero』制作スタッフ氏だ。

「このところコロナ対策の不手際でますます不透明になっていますが、遅くとも秋には行われるであろう衆議院選挙の選挙特番に、櫻井くんがメインキャスターとして出演することが内定しました。いつ菅首相が解散を言い出すかもわかりませんし、東京オリンピックが開催されるか否かでも変わる。この状況で総選挙特番のメインキャスターは、受けるほうにも覚悟が必要だったでしょうね」

(『news zero』制作スタッフ氏)

これまでに櫻井はキャスター2年目の2007年『ZERO×選挙2007』を皮切りに、『ZERO×選挙2009』『ZERO×選挙2010』『ZERO×選挙2012』『ZERO×選挙2013』『ZERO×選挙2014』『ZERO×選挙2016』『ZERO×選挙2017』『zero選挙2019』と、毎回のように関わってきた。

しかしメインキャスターとしてスタジオを回す(進行させる)には、それなりの技量と経験が重要。それを承知で引き受けるのは、確かに〝覚悟〟が必要に違いない。

「さらにそれに付随して、もう一つのプランも進行中です」(同制作スタッフ氏)

実は日本テレビ内では現在『news zero』メインキャスターを務める有働由美子を降板させる動きがあり、その後継候補の筆頭に櫻井の名前が挙がっている。

「とはいえ有働さんをいきなり降ろすのではなく、たとえば5曜日を3曜日に減らし、空いた2曜日に櫻井くんがスライドするソフトランディングになると思います。その場合、ずっと月曜日の顔だった櫻井くんは〝月曜日確定〟でしょう」(同前)

先に挙げたように、嵐時代からは『VS嵐』分のレギュラーを減らした櫻井。

単純にスタジオ収録日が1日空いたわけだから、生放送を1日増やしても負担にはならないだろう。

「皆さんもご承知の通り、櫻井くんは毎週月曜日には昼前に日本テレビに入り、1週間分の同録（オンエア録画）のチェックと資料を読み込み、夕方からの打ち合わせに臨みます。生放送は収録番組と違って仕事が終了する時間が押す（遅れる）こともないので、集中力を持続しやすい。櫻井くんは翌週の資料を袋詰めで持ち帰るほど勉強熱心で、傍から見ても〝キャスター業に賭けている〟ように思えます」（同前）

そんな櫻井にとって〝選挙特番のメインキャスター〟は願ってもないポジションだ。

「これを成功させ、さらには『ｎｅｗｓ ｚｅｒｏ』の担当曜日を増やすことで、キャスターとしてのステップアップにも繋がる。嵐が活動を休止した今年、メンバーの先頭を切って勝負の年を迎えたのが櫻井くんなのです」（同前）

〝キャスター〟として、しっかりとしたポジションを築き上げようとしている櫻井翔。

そのまま先頭で、しっかりとゴールまで走り抜けて欲しい——。

櫻井翔、25年目の挑戦

相葉雅紀が『VS嵐』から後継番組『VS魂』を引き継げば、櫻井翔は『嵐にしやがれ』から『1億3000万人のSHOWチャンネル』（日本テレビ）を引き継いだ。

「これで個人のレギュラー番組は、櫻井くんが『news zero』『櫻井・有吉THE夜会』を合わせて3本、相葉くんも『相葉マナブ』『I LOVE みんなのどうぶつ園』『VS魂』を合わせて3本の同数になりました。二宮和也くんは『ニノさん』のままですから、櫻井くんと相葉くんの2人が、少し抜けて忙しくなりそうですね」（テレビ番組情報誌記者）

すでに昨年、2020年のCM契約社本数の時点でも、嵐としてカウントされる分を入れて櫻井翔が19社、相葉雅紀が17社とほぼ互角。

松本潤と二宮和也が映画やドラマを主戦場とするならば、櫻井と相葉がテレビ界におけるライバルとして、嵐の〝金看板〟を背負っていくに違いない。

「そんな櫻井くんの新番組『1億3000万人のSHOWチャンネル』ですが、1月16日の初回2時間SPの平均視聴率が13.0%。さすがに『嵐にしやがれ 最終回…嵐と贈る豪華4時間生放送SP』の18.3%には及びませんが、十二分に合格点が与えられるスタートを切りました。これからこの数字をキープし、ブームを呼ぶようなヒット企画を生み出すことが出来れば、日本テレビの〝顔〟となっていくでしょう」（同テレビ番組情報誌記者）

番組のコンセプトは、ゲスト自らが企画を持ち込んで挑戦する「みんなの〝やりたい〟で作る全国民参加型バラエティ」だという。

まずはMCを務める櫻井が、率先して〝バック転〟への挑戦を表明した。

『なぜ私がバック転を出来るようになりたいかというと、
新番組が始まるにあたって〝出来ないことが出来るようになる〟と、
夢があるなと思ったからです』

ジャニーズ事務所に在籍して25年、ずっとバック転が出来なかった……いや、正確に言うと〝挑戦から逃げてきた〟櫻井は——

『子どもたちは（自分の姿を見て）〝バック転ってこうやってやるんだ〟と学びになる。同世代には〝この年齢から挑戦するんだ〟と夢がある』

——と意気込みを語ったものの、威勢が良かったのは始まる前までだった（苦笑）。

『ガチにその（成功する）つもりで11月から練習を始めたんですけど、こんなタイミングでやるもんじゃない。年末のめちゃめちゃ忙しい時期に（練習）時間を確保するのもひと苦労で、しかも仮に出来たとしても、嵐が活動休止中なのに〝いつどこで見せるんだ？〟——って。とにかく体のいろんな所が痛いし、何で40才を前に、「〝バック転をやる〟なんて言っちゃったんだろう」……と、文句ばかり言いながらもやってますよ。まあ、櫻井翔のリアルというか、それも含めて楽しんでもらえたら嬉しいんですけどね』

この言葉通り、チャレンジする2ヶ月前の11月中旬から入念に練習を始めた櫻井だったが、すぐに致命的な欠点が発覚。

彼はバック転に欠かせない〝柔軟性〟がゼロに等しく、何度も番組スタッフやバック転のコーチ、トレーナーに――

『変える？ 企画』

――と訴えかける始末。

それでもロイター板と補助付きの挑戦で『今日このまま出来るんじゃね⁉』と、本人なりにはトレーニング初日で手応えを掴んだようだ。

「その後、1週間が過ぎた頃には**『後ろに飛んだ時に見える景色が全然違った！』**――と自信をつけ始め、練習の過程をVTRで見守っていた初回ゲストの北川景子さんが**『こんなに一生懸命に挑戦している姿見て、〝もう跳べなくてもいいんじゃないかな〟と思うぐらい勇気をもらった』**――と感想を語るほど、そこには〝カッコいい〟櫻井くんが映っていました」（日本テレビ関係者）

スタジオの櫻井は北川のセリフに——

『じゃあもう（やらなくても）いいじゃん。
だって北川景子がこう言ってるんだよ』

——と前フリをして、いよいよチャレンジへ。

本人はいかにもバック転を成功させたかのようなガッツポーズと歓声を上げたが、残念ながらVTRからの成長はなく、補助付きでのバック転で、ゲスト出演者から総ツッコミが。

櫻井は——

『いや本当に1カ月間、死に物狂いでやったんですけど……限界』

——と白旗を上げ、今後のバック転チャレンジについては、

『（いったん）預かります』

逃げ腰のオチがついて初回の2時間スペシャルは終了した。

「番組を見てくださっている皆さんに良い影響があったらいいな」

――と思って始めたんですけどね。

俺の場合、これまでバック転は出来なかったわけで、ここで初めて出来てこそ成立する企画。

だから途中で挫折して「はい、出来ませんでした」……では、シャレにも何にもならない。

中学や高校の運動部で〝結果よりも過程が大切〟という指導をする先生がいるけど、

それは今回の俺のように〝スタート地点に立つために成功させる〟チャレンジとは意味が違う。

補助付きを成功と見るか失敗と見るかは、視聴者の皆さんそれぞれでジャッジして頂ければ。

でも俺は40(才)を前にチャレンジをしてみて、すごく晴れやかな気持ちでいっぱいだよ!』

やり遂げた感溢れる、満足気で清々しい表情でそう語った櫻井翔。

果たして皆さんは〝成功〟or〝失敗〟の、どちら寄りのジャッジを?

……いやいや、成功にしろ失敗にしろ、チャレンジすることに意義があったのだ、きっと。

〝プロ〟としての〝こだわり〟

「櫻井くんは『リーダーがサトシーラなら、俺は何になろう……ショーリチン？ クラリショー？ いやいや全然違うでしょ』――などと言って笑ってました。そもそも〝クラリチンEX〟のCMにはスーツ姿で出演しているので、キャラクターのコスチュームを着る必要はありませんけどね（笑）」

（大手広告代理店関係者）

櫻井翔が昨年からCMキャラクターを務める大正製薬のアレルギー専用鼻炎薬『クラリチンEX』シリーズ。

そのテレビCMの2021年バージョンが、1月25日から放映されている。

『実はクラリチンEXの発売開始日、生まれた日が、2017年の1月25日なんですよ。

わかりますよね?

俺と誕生日が同じこと。

新しいバージョンのCMも1月25日からオンエアで、
クラリチンEXと俺のWバースデープレゼント。

めちゃめちゃ粋で、こんなにありがたいことはありません』

――そう話す櫻井。

その2021年バージョンの新CMは、ドラッグストアの店頭で花粉の薬を選んでいるカップルの前に、クラリチンEXの(パッケージの)中から姿を現した櫻井が、2人に特長を紹介してくれるというストーリーだ。

「パッケージは縦7.7センチ、横12センチほどの大きさで、緑の草原と青く澄み渡った空が描かれています。そのパッケージの中から櫻井くんが登場するわけですが、『これまでたくさんのCMに起用して頂いたけど、パッケージの中に入るのは初めてですね』——と言いながらも、撮影ではスタジオ内のセットに設けられた巨大なロゴをくぐり抜けながらの演技に、モニターチェックでは『クラリチンのパッケージの中に自分がいるのが、すごく不思議な感じ。いや悪くないね……というか、楽しい』——と、かなりノリノリの櫻井くんを目撃することが出来ました」(同大手広告代理店関係者)

クラリチンEXの特長として「1日1回1錠で眠くなりにくい」というのが最大のセールスポイントだが、櫻井は——

『「眠くなりにくい、眠くなりにくい」と言っていたら、
眠くなる間もなく撮影が終わっちゃいました(笑)。
薬選びに迷っているカップルに語りかけるCMだったので、
なるべく言葉が伝わるように、メッセージが伝わるようにやったつもりです』

——と、監督の指示がいらないほど、瞬時に自分の役割を理解していたそうだ。

「それはもう、さすがとしか言いようがありません。さらに櫻井くんはＣＭの最後のシーンで『**花粉にはこれ！**』と言ってパッケージを掲げるところでも、自分の顔の横にあるパッケージの位置と角度を、照明で反射しすぎないように微妙に変えながら撮影していたんです。光沢のあるパッケージに照明が当たると、角度によっては反射した明かりでパッケージの文字が消し飛んでしまう。最初のリハーサルでそれに気づいた櫻井くんが、１回ごとに微調整しながらベストのポジションを見つけ、本番ではそれをキープしていたんですよ」（同前）

途中でそれに気づいたＣＭ監督も、あえて口を挟まずに櫻井からのＯＫを待っていたという。お互いにプロとプロの信頼関係は、撮影当日のわずかな時間の中でも構築されるものなのだ。

『いや、そこまで褒めるのは褒めすぎですよ。
俺の場合はもうすぐ丸15年も週1の生放送に出演させて頂いて、
やっぱり画面にどう映っているのかは常にチェックする癖が染みついているんですよね。
一種の〝こだわり〟かな（苦笑）。
皆さんは〝キャスター席に座っているだけで？〟と思うかもしれないけど、
たとえば番組がスタートした2006年当時は〝地デジ〟じゃなかったし、
それからテレビもカメラもどんどん進化していく中で、
「自分がどう映るか」を瞬時に判断する能力を磨いていかないと、
まずテレビの世界では生き残れないと思ってるから。
特にCMで商品名がよく映らないなんてあり得ないし、
それは監督に指摘される前に俺が気づかなきゃいけないこと。
「櫻井翔、アイツにCMキャラクターを任せれば安心だ！」——って評判が広がれば、
努力や経験がちゃんと自分に返ってくるんですよ』

それが〝プロ〟としての櫻井翔の姿勢。

そして何よりも櫻井翔の仕事に対するプライドや矜持が、細部にまでこだわりのない〝自分自身〟を許せないのだろう。

だから彼は、どんな仕事でも〝こだわり〟を持って、その仕事に臨んでいるのだ。

後輩たちの〝櫻井詣〟

「櫻井くんが『何か俺、ちょいちょい〝有吉さんに推薦してください!〟って頼まれるんだけど、別に俺が推薦したからって出られるわけじゃないし、そんなのマネージャーに〝有吉さんに売り込んでください!〟と頼むべきだよね(苦笑)』――と、珍しくグチを溢していました。さらに『というか頼むなら〝『SHOWチャンネル』に出してください!〟って頼めよ』――とも。今、ジャニーズの後輩たちの間では『有吉ゼミ』で注目されたいという子が多く、有吉さんと番組をやっている櫻井くんにお願いに来るそうです」

2013年4月にスタートした『今、この顔がスゴい!』から『櫻井有吉アブナイ夜会』を経て、嵐が活動休止に入った今も継続中の『櫻井・有吉THE夜会』までタッグを組んで丸8年を迎えようかというのが、櫻井翔と有吉弘行のMCコンビだ。

「有吉さんは2011年からマツコ・デラックスさんとコンビを組んで番組をやっていますが、櫻井くんよりも2年ほど長いおつき合いのマツコさんを差し置いて、『たまに〝櫻井くんとはいつもリラックスして番組が出来る〟と言ってくださるのが、個人的には何気に嬉しい』――と櫻井くんは話しています。スタート当時は嵐のメンバーどころかジャニーズでもない、しかもかつて毒舌として知られていた有吉さんとのタッグに、ぶっちゃけ不安がっていましたからね」

TBSテレビ『櫻井・有吉THE夜会』制作スタッフ氏は、今更ながら、

「それが嵐の活動休止会見の当日、事前に連絡をするほどの信頼関係を築くとは、まったく予想だにしていませんでした」

――と語り、さらにその有吉に対する後輩たちからの〝ラブコール〟についても明かしてくれた。

「ご承知の通り『有吉ゼミ』はタレント時代の滝沢秀明氏、ジェシーくん(SixTONES)が番組内企画の〝八王子リホーム社〟で注目され、King&Princeの岸優太くんと神宮寺勇太くん、髙橋海人くんもデカ盛りや激辛料理の完食にチャレンジするなど、若手がスポットライトを当ててもらえる番組。『有吉ゼミ』は、企画にハマれば番宣関係なしに出演することが出来る。若手メンバーには喉から手が出るほど欲しい、掴みたいチャンスなのです」(『櫻井・有吉THE夜会』制作スタッフ氏)

たとえばＫｉｎｇ ＆ Ｐｒｉｎｃｅの神宮寺勇太と髙橋海人が『有吉ゼミ』に初登場したのは、デビュー年でもある２０１８年11月5日の放送回。

２人は激辛チャレンジに3回挑んで2回完食した〝激辛リアクション王子〟ことＫｉｓ-Ｍｙ-Ｆｔ２宮田俊哉と共に、激辛チャレンジグルメに挑戦。

『**僕めっちゃ強いっすよ**』

――と強気な神宮寺と、

『**正直言うと苦手中の苦手で……**』

――と消極的な髙橋という対照的な2人に、先輩の宮田が、

『**激辛やったら男性ファンが増えるぞ！**』

――と檄を飛ばす。

タイ産の激辛唐辛子プリッキーヌを含む超大量50本の唐辛子が使われる激辛スープと、自家製激辛粉末がたっぷりかけられた超激辛ライスのダブル攻撃に――

『**僕王子なんで。王子（キャラは）ぶれないっすよ、絶対**』

――と虚勢を張る神宮寺だったが、一口すすっただけで悶絶。

一方の髙橋は――

『若手がもっと盛り上げないといけないですね』

――と奮闘し、そんな彼らに視聴者の声援が飛んだ。

『まあ、わかるけどね。

俺もデビューした翌年に大学に入って授業や試験が大変だったけど、

「一つでも多くのバラエティや歌番組に出演して結果を残したい、爪痕を残したい」

――って必死だったもん。

でもその時に出た番組が後々どれほど影響を与えてくれたかというと、

ほぼゼロに等しかったんじゃないかな?

テレビって不思議なもので〝出たい出たい〟と焦ってる時の番組よりも、

それほど気合いが入らない番組のほうがハマることが多い。

結局は〝自分が出るタイミング〟と〝視聴者が求めるタイミング〟が合わないと、

人の心にほとんど残らないんだよな』

かつての自分を振り返ってそう話す櫻井。

これは不遇な時代を経験している先輩からの貴重なアドバイスだ。

「それでもジャニーズの若手メンバーたちは、先に名前を挙げた宮田くん、神宮寺くん、髙橋くんと岸くん、さらには過去にチャレンジしているNEWSの増田くん、KAT-TUNの上田竜也くんの2人が〝アニキ会〟のメンバーでもあることからも、『**櫻井くんにお願いすれば高い確率で出られるに違いない**』——と言われているそうです」（同制作スタッフ氏）

『**ハッキリ言うけど、俺は番組斡旋業者じゃないからね?**
みんなさ、出たいなら滝沢くんのところに並べよ（苦笑）』

——確かに。

それが正しいよね（爆）。

……とはいうものの、後輩たちの〝櫻井詣〟は、これからもますます続きそうだ。

櫻井翔と相葉雅紀を繋ぐ〝相葉の秘めた想い〟

今年の1月16日、相葉雅紀がMCを務める『I LOVE みんなのどうぶつ園 新春2時間スペシャル』にゲスト出演した櫻井翔。

相葉、ミキ（昴生・亜生）と共に、宮古島の動物保護施設を訪問。相葉と櫻井が野ざらしの環境に放置されていた野犬を懸命にレスキューする姿に、ファンのみならず多くの視聴者から共感の声が届いたという。

「相葉くんたちが訪れたのは、保護された犬猫100匹が暮らす宮古島の動物保護施設「SAVE THE ANIMALS」です。さっそく代表の中原さんに『**僕の櫻井くんを連れてきました**』――と紹介した相葉くんは、以前にも『志村どうぶつ園』時代にこの施設を訪れ、野犬の保護を手伝ったことがあるんです」

日本テレビ『I LOVE みんなのどうぶつ園』制作スタッフ氏は、

「僕らから見ても保護犬や保護猫に接する時、その人の本性が見える気がします。相葉くんも櫻井くんも、本当に優しくていい人ですよ」

——と言いながら、ロケを振り返ってくれた。

「何よりも問題だったのが、コロナ禍で施設に人を呼べなくなったことでした。保護犬や保護猫は新しい飼い主さんに引き取られるために施設にいるわけで、その出会いのチャンスを奪われてしまっている。ニュースキャスターを務める櫻井くんは、**『コロナは社会の構造自体を破壊している気がしますね』**——と、思い詰めた表情で語っていました」(『I LOVE みんなのどうぶつ園』制作スタッフ氏)

相葉もかつて世話をした保護犬たちとの再会を果たすが、彼らがいくら元気そうに見えても、それはイコール〝これまで引き取り手がいなかった〟現実を突きつける。

施設代表によると、その理由は様々(健康上の理由、人に慣れない理由など)だというが、ほとんどの保護犬は一定の距離から縮めていくのに時間がかかるそうで、人間との信頼関係は簡単には作れない。

しかしそれを作らなければ、誰にも引き取られることがない。

そのジレンマは施設スタッフを苦しめているように感じる。

『施設代表の中原さんが「ケアしたい子がいる」と仰ったので、相葉くんと俺はまずそれを手伝うことにしたんですよ。

正直、その時点で俺は少しビビっていて、頭の片隅どころかど真ん中に「噛まれたら嫌だな」……って気持ちがあって（苦笑）。でもその時から相葉くんの背中は、やたらと頼もしく見えましたね』

――振り返ってそう明かす櫻井だが、そこには櫻井の想像を遥かに越えた、多頭数飼育崩壊の現実が待ち構えていた。

30匹ほどの犬が不衛生な環境で野放しされ、自分たち人間の姿に怯えて吠えまくる。その中から代表が「ケアの必要がある」と指定した3頭を、何と相葉が優しく声をかけて警戒心を解き、リードを付けて連れ出したのだ。

『全然大袈裟な話ではなく、そこには〝この21年間で初めて見る相葉雅紀〟がいたんですよ。嵐のメンバー同士、もうお互いの裏も表も知り尽くしていたつもりだったのに、〝誰も見たことがない相葉雅紀〟がいた。

あの時はリアルに感動しつつ、

同時に「俺は何やってんだ?」……って恥ずかしくもなりましたね』

搬送用のケージを抱えて相葉を手伝った櫻井は、次に保護した犬をトリミングルームへと運ぶ。

「そこでも手慣れた様子で犬を扱う相葉くんに、櫻井くんは目を丸くして『マジですごいね』――と心から感心していました。そんな櫻井くんの言葉に気を良くしたのか、相葉くんは『生で触ったことないでしょ? 毛玉すごいよ』――と櫻井くんを促すと、長年の不衛生な環境で凝り固まった毛玉に、櫻井くんは声を上げて驚いていましたね」(同制作スタッフ氏)

準備を整えてトリミング作業に入った2人だったが、相葉はあえて櫻井にプロのトリマーが担当するサポート役を任せる。

動物に慣れてない櫻井は戸惑いながらも、懸命に作業と向き合い始めたのだ。

『あそこはね、相葉くんから俺への〝メッセージ〟だったと思う。
世の中には劣悪な環境にいる保護犬もいて、
そんな保護犬に新しい飼い主さんとの出会いを与えようとする、保護施設の方々がいる。
綺麗なドレスを着せられて散歩する高級な犬だけが犬じゃなく、
あそこにいる犬たちも等しく命を育んでいるんだと。
相葉くんと番組が取り組んでいることの意義を、
俺のようにニュースの現場にいる人間が正しく発信して、
新たな運動を起こせるかもしれない。
相葉くんが志村さんの後を受け継いで頑張りたいことがわかったし、
相葉くんにはまだ俺たちに明かせなかった〝想い〟があった。
それを知れたことも、本当に幸せだったよ』

相葉との共同作業を通して感じた想いをそう語った櫻井。

相葉雅紀の胸に秘めた〝想い〟に初めて触れた櫻井翔が、今後どのように自身で発信していくのか。

〝嵐〟は活動休止していても、メンバーそれぞれの想いや絆はしっかりと繋がっている——。

4th Chapter

相葉雅紀

Masaki Aiba next stage

『VS魂』に懸ける相葉の想い

2021年1月3日、相葉雅紀が『VS嵐』を継承した新番組『VS魂』の初回3時間生放送スペシャルがオンエアされ、番組内で新レギュラーが発表された。

「レギュラー放送の第1回目は14日の放送で、実は初回スペシャルの翌日に収録されることになっていました。本来、この手の番組リニューアルは前の番組が最終回になる前に収録するものですが、『VS魂』に関しては嵐が降板するのは活動休止が理由なので、新番組の収録も活動休止に入ってから行うことが〝筋〟だろうと。結果、3日の生放送と4日の収録、14日からのレギュラー放送になった経緯があります」（フジテレビ関係者）

ところがその生放送終了後に相葉雅紀の体調が悪くなり、大事を取って休養へ。

急遽の手配でレギュラー放送1回目は二宮和也、2回目は村上信五（関ジャニ∞）がピンチヒッターを務めるという、なんとも微妙なスタートになってしまったのだ。

「それというのも、相葉くんとプライベートで頻繁に会っている新レギュラー（※初回は欠席）の風間俊介くんが、昨年末に新型コロナに感染。相葉くんにも罹患した可能性があったからです。『VS魂』はレギュラー放送の初回から相葉キャプテンと風間副キャプテンを欠いての船出となりました」（同フジテレビ関係者）

3日に発表されたジャニーズ若手の新レギュラー陣に目を向けてみると、まずは今年デビュー10周年を迎えるSexy Zoneのセンター、佐藤勝利。

相葉とはドラマ『ようこそ、わが家へ。』で共演した、ジャニーズWESTの藤井流星。

ジャニーズJr.の最注目ユニット、美少年の浮所飛貴。

そして新年から舞台にテレビに大忙し、King & Princeの岸優太。

以上の4名と相葉雅紀、風間俊介で『VS嵐』の系譜を受け継いでいくことになったのだ。

「メンバーそれぞれ『VS魂』がいかに注目されているか、すでに身に染みて感じているといいます。藤井くんは『全然連絡なかった地元の友だちからも〝レギュラーおめでとう〟の連絡が来たり、特に親がめちゃめちゃ喜んでくれて。メンバーも見てくれるって言ってますし、あと松本潤くんと大倉忠義くんからも〝頑張れ!〟と連絡を頂きました』――と語り、相葉くんとゴールデン(タイム)に『VS嵐』の後番組で共演することが〝どれだけ凄いか〟を痛感したといいます。また佐藤くんは『三宅健くんから連絡が来て、ちょっと相談しました。でも先輩からレギュラーをお祝いしてもらったのは初めて』――と言い、浮所くんは『得体の知れないほどのメールが大量に来て、松本潤くんや櫻井翔くんからもメールを頂きました。櫻井くんは特に〝スタッフさんも皆さんすごい温かい方ばかりだから、わからないことあったらすぐ聞いて、楽しみながら頑張って〟のアドバイスを』――と、さりげなく櫻井くんの〝良き先輩〟としての顔を教えてくれました」(同前)

するとそんな中、岸優太だけは他の若手3人とは〝異質のプレッシャー〟を浴びせられているらしい。

『僕も三宅健くんや櫻井翔くん、松本潤くんから連絡をもらいました。先輩方からは「肩の力を抜いてリラックスして楽しめばいい」――と言ってもらえました』

そう話す岸だが、同時に——

『ちょっと困った迷惑メールを4人ほど送ってくるんですよ』

——と。

もちろん岸以外のKing & Princeメンバーだ。

『みんな一応〝おめでとう〟とは言ってるんですけど、「今日、体調悪くない？ いつでも代役OK」「スベれ、スベれ、スベり倒せ」——って、僕が失敗することを完全に期待してる。

（平野）紫耀は「岸くん、もしかして俺と間違えてブッキングされてない⁉」——って、〝どこまでイジれば気が済むんだよ！〟って感じです（苦笑）』

——と、早くもメンバーが虎視眈々と後釜を狙っているとか。

それだけレギュラーになったことが〝羨ましい〟番組ということだろう。

『俺が嬉しいのは、流星たちからそういう話を聞かされて、後輩たちが「『VS魂』に出たい。『VS魂』で活躍したい」――と思ってくれていることなんです。

本当にもう、『VS嵐』は10年以上も嵐の5人でやってきた番組だったから、一人で『VS魂』を受け継ぐのは誰よりも俺がプレッシャーだったし、本当に上手くいくのか?

……いくらスタッフさんが同じでも、テレビ的に『VS嵐』がどう見えるかをスタッフさんと相談していたのはニノだし、風間の力を借りるとしても、俺と風間のコンビが翔ちゃんよりもスムーズにMCを回せるわけじゃないし。

そういういろいろな不安のせいで、生放送が終わったらグッタリしちゃった気もするしね(苦笑)。

でも新しく一緒に頑張ってくれる後輩たちのおかげで、俺も少しは自信を持ってやれると思う。

そしてアイツらを有名にして、この番組から羽ばたかせてやりたいな』

そう、実はこの番組は、後輩にチャンスを与え、飛躍するきっかけを与えるだけの番組ではない。

相葉雅紀にさらなる自信と勇気を、そして彼の成長を促すための番組。

『VS魂』とは誰あろう、〝相葉雅紀と己れの魂との闘い〟なのだ。

相葉先輩がハメられた〝お年玉増額作戦〟!?

ジャニーズの〝新年〟といえば、何はなくとも〝お年玉〟だろう。

「昨年の12月、二宮くんが『みんな今年はどうするんだろう。配信ライブに出るJr.はともかく、他の後輩って会わないよな? たぶん』……と、ブツブツと独り言のように呟いていて、すぐにお年玉のことだとわかりました」(フジテレビ関係者)

そんな二宮に櫻井が——

『俺は紅白やカウコン組にはマネージャー経由で渡すけど』

——と言うと、二宮はいかにも不満そうに、

『えぇ～～っ』

——と肩を落としながら、

『いやでも、俺は直接会った人間にしか渡さない！
期間は三が日まで』

——と、絶対に安全な（※会わない）ルールを宣言していたとか。

現在、ジャニーズ事務所の所属タレント最年長の近藤真彦は、タレント全員が後輩であるために出費も膨大。それゆえ今から10年近く前、総額100万円オーバーが何年も続いたことを理由に「お年玉卒業宣言」をしたそうだ。

「東山紀之さんは今でも均等額（おそらくは1万円）を全員に配るそうですが、その特異な例を除くと、TOKIOの国分太一くんが〝最も気前がいい〟先輩ですね。しかもつき合いの深さや長さによって額を変えるそうで、合計すればマッチさんを軽く超えるとの噂です」（同フジテレビ関係者）

つまりそれは〝100万円超〟を意味するが、嵐のお年玉配布ランキングは「櫻井くんと松本くんが同じぐらい。その後に相葉くん、リーダーと二宮くんは結構離れてる」（同前）ようだ。

「相葉くんでだいたい60万円から70万円ぐらい。2018年にKing & Princeがデビューして少し増え、2020年にはSixTONESとSnow Manがデビューしたものの、紅白でもカウコンでも会わなかったので、どうでしょう。櫻井くんのようにマネージャー経由ではなく、相葉くんは〝直接、目を見て渡したい〟タイプのようですから」（同前）

そんな相葉が――

『どうしようかな……。
でも三が日だからちゃんと渡すべきだよな』

――と悩んでいたというのが、1月3日にオンエアされた『VS魂』生放送スペシャルだった。

『もちろんレギュラーになる後輩たちには、
〝これからよろしく!〟の意味も含めて奮発しなきゃいけないけど、
『DAMASHI魂』のゲストで大倉(忠義)と平野(紫耀)が来るんだよね。
木村(拓哉)くんも来るけど、
木村くんに「お年玉ください」……なんて、
面と向かって言えるわけないしな~』

どうやら内心、木村拓哉にもらうお年玉で〝プラマイ0(ゼロ)〟を狙っていた様子。

「するとそんな相葉くんの気苦労をまったく知らない岸(優太)くんが、午前中のリハーサルを終えた後、相葉くんに『僕は正しかったのでしょうか……』と落ち込んだ顔で相談に現れたのです」(同前)

新レギュラーの一人で、今や「ジャニーズの若手の中で〝次世代バラエティ王〟候補ナンバー1」と目されている、King&Princeの岸優太。

本人は――

『いえいえ、僕はPrinceのほうなので〝King〟にはなれません』

――と〝謙遜ボケ〟を発するものの、ほとんどウケたことがない残念なタイプだ(爆)。

そんな岸は意欲満々でスタジオにやって来たはずだが、なぜ相葉の前で肩を落としているのだろう。

「実は岸くん、元日から舞台に立っているために、後輩の美 少年、7MEN侍のメンバー11名(※1名謹慎により休演中)に〝お年玉をあげるかどうか〟で悩み、結局はあげたものの、〝本当にそれで良かったのか〟と相葉くんに相談に来たのです」(同前)

お年玉を渡してから相談しても意味はないが、しかし悩める後輩の話は聞いてやるのが先輩の務め。

相葉は『話してみろよ』と招き入れた。

するとは岸は――

『あげたくないワケじゃなくて、「俺たちがお年玉をあげられる立場なのかな?」……っていう疑問のほうが大きくて。でもジン(神宮寺勇太)に「後輩にあげるのは初めてだから思い切ろう」――と言われて、僕も腹をくくるしかなかったんです』

――と、お年玉を渡すことを決意したきっかけを話した。

そしてW主演の神宮寺に――

『もし俺が後輩だったら、「(お年玉をくれなかったら)〝なんだよ、ケチくせーな〟と思っちゃうだろ?」――と言われたので、自分としては頑張って用意しました』

――と明かしたそうだ。

岸の話を黙って聞いていた相葉だったが、今一つ〝岸が相談したいこと〟の内容が見えてこない。
そこで相葉が『(ひょっとして……)』と思ったのが——

『これは〝お年玉増額作戦〟?』

——だった。

『つまりさ、後輩にお年玉をたくさんあげて金欠だから、
俺からも〝たくさんお年玉が欲しい〟ってことじゃないの!?』

相葉は岸から出る言葉に全集中を送る。

「ところが岸くんの相談は『もうすぐ始まる確定申告で〝お年玉は経費になるのかならないのか〟僕にとっては大問題なんです。申告はキッチリやらなきゃいけないし、そのあやふやな部分を先輩に教えて頂きたくて……』だったのです」（同前）

相葉は――

『そっちなの！』

――と大声を上げ、岸をキョトンとさせてしまったとか。

「そのお詫びというか一瞬でも後輩を疑った反省で、岸くんだけではなく全員のお年玉を増額したとか。後で〝いくらだった？〟と答え合わせされたらバレますからね（笑）」（同前）

いやいや、そこまで込みの、岸優太の〝高度な作戦〟だったりして……。

これはもしや相葉先輩、まんまと岸の〝お年玉増額作戦〟にハメられたかも（笑）!?

〝お互いに尊敬し合う〟——相葉流ルール

二宮和也のエピソードでもお話ししているが、今年の1月3日に『VS魂』初回3時間生放送スペシャルに出演した平野紫耀は、同じくゲストとして登場した事務所の大先輩、木村拓哉にジャニーズ事務所の〝くん〟付け習慣について尋ねると、ガチガチに緊張したせいか——

『キムタくん』

——と口走ってしまい、相葉雅紀、ゲストの大倉忠義から叱責されてしまった。

「これまでにもちょくちょく、ジャニーズがMCを務める番組では、〝くん〟〝さん〟問題が話題に上ってきました。記憶に新しいところでは『櫻井・有吉THE夜会』（TBS）に映画『461個のおべんとう』の番宣でゲスト出演した井ノ原快彦くん（V6）と道枝駿佑くん（なにわ男子）が、世代によって呼び方が変わるという話で盛り上がっていました。井ノ原くんは〝マッチさん〟〝錦織さん〟の大先輩2人だけが〝さん付け〟で、錦織さんと同じ少年隊の東山紀之さんは〝ビガシくん〟、植草克秀さんは〝植草くん〟と呼ぶそうです」（人気放送作家氏）

要するに関係性の問題で、ジャニーズJr.時代から可愛がってもらった東山はずっと「ヒガシくん」、その東山と仲が良く性格も分け隔てなくフレンドリーな植草は「植草くん」なのだろう。

「SMAPでも、近藤さんのことは全員が〝マッチさん〟でしたが、中居くんと木村くんは〝ビガシくん〟、稲垣くん、草彅くん、香取くんは〝東山さん〟だったり〝ヒガシくん〟だったり、TPOで細かく分けていましたね」（同人気放送作家氏）

一方、松岡昌宏を最初に「松兄ィ」と呼び、実は先輩との距離感の取り方が嵐のメンバー5人の中で〝最も絶妙〟な相葉雅紀はどうか。

「相葉くんは1982年生まれで、すでにその頃までには田原俊彦さん、近藤真彦さん、シブがき隊はCDデビューを済ませていました。少年隊はデビューこそ1985年ですが、すでに1981年から単独活動を開始。要するに全員、相葉くんが生まれる前から世に出ていたのです」(同前)

もちろんこのあたりの先輩たちに対しては、全員「さん」付けで呼んでいる。

「ちょっと意外だったのは、中居〝さん〟、木村〝さん〟で、他のメンバーが〝くん〟付けで呼んでいても、相葉くんだけは〝さん〟付け。聞いてみると『SMAPさんにはほとんど(バックに)ついたことがないから、どうしても〝さん〟付けでしか呼べない距離感がある』——からだそうです」(同前)

なるほど。鋭い皮膚感覚を持つだけに、〝(ここはさん付けだな)〟と相葉の本能が判断したのだろう。

「SMAPの先輩、元光GENJIの佐藤アツヒロさんは〝アツヒロくん〟。V6では坂本昌行くんだけが〝坂本さん〟で、TOKIOはリーダーの城島茂くん以下、全員が〝くん〟付けで呼んでいます。松兄ィは〝松兄ィ〟ですが」(同前)

ここまでに名前が挙がったメンバーをザッと年齢順に並べ直すと、近藤真彦(56才)、錦織一清(55才)、植草克秀(54才)、東山紀之(54才)、城島茂(50才)、坂本昌行(49才)、中居正広(48才)、木村拓哉(48才)、佐藤アツヒロ(47才)、国分太一(46才)、松岡昌宏(44才)。

『何かよくわかんないんだけど、最近これ系のネタを結構聞かれますね。
今話した通り、僕の場合は完全に関係性で、
でも〝さん〟付けしているからって遠いわけじゃないし、
〝くん〟付けしているからって近いわけじゃない。
ウチのメンバーは別格として、
関ジャニ∞の横山くんは本名から〝きみちゃん〟って呼んでるし、彼も特別。
あと風間(俊介)や松崎(祐介)のような〝相葉軍団〟の後輩は、
人前ではあえて名字を呼び捨てにする。
つまりは、そこに決まったルールなんてないんだよ!
最低限、ジャニーズのルールさえ守っていれば、何と呼んだっててね』

『ルールなんてない』と言いながら『ジャニーズのルールさえ守っていれば』と、相変わらずの混乱ぶり(?)を発揮する相葉雅紀。

しかし相葉に言わせれば――

『違う違う！
ジャニーズのルールは〝お互いを尊敬し合う〟ってことだから』

それは〝ジャニーズのルール〟でもあるかもしれないが、おそらくは相葉雅紀の根本にある精神なのだろう。

『呼び方なんで何でもいいんだよ。
お互いを尊敬し合っていさえすれば』

――それが相葉流の〝ルール〟なのだ。

相葉雅紀の〝本心〟が垣間見えた言葉

「番組スタートが2013年4月で、気がつけば間もなく8周年。今のところ打ち切りになる雰囲気はありませんし、渡部ショックも軽く切り抜けた。10年の長寿まで続くのは確定的じゃないですかね」（人気放送作家氏）

テレビ朝日で放送中のバラエティ番組『相葉マナブ』。

相葉雅紀にとって初めての冠番組は企画や構成のマイナーチェンジを積み重ねながら、今やテレビ朝日の日曜日18時を代表する〝顔〟になった。

「現時点（2021年1月）で民放キー局の裏番組が『真相報道バンキシャ！（日本テレビ）』『世界遺産（TBS）』『ちびまる子ちゃん（フジテレビ）』『パズドラ（テレビ東京）』で、決して弱い相手ではありません。それでもニュース、ドキュメンタリー、アニメ、バラエティと上手く棲み分けが出来ているので、ちょうど良いバランスで成り立っている時間帯ですね」（同人気放送作家氏）

2021年最初の放送となった1月10日は、今回で5回目となった恒例企画「マナブ餅つきスペシャル！」。

おいしい餅米で餅づくりに挑戦し、つきたての餅で絶品料理を作った。

「この番組が愛されているのは、単に素晴らしい食材で料理を作ったり、相葉くんたち出演者がいかにも美味しそうに食べる姿が評判だからではありません。食材を準備する間、調理する間のフリートークで〝知られざる一面〟が明らかになることです。相葉くんや澤部（佑）くん、小峠（英二）さんなどの過去のエピソードや人間性が掘り起こされ、つい微笑んでしまう。それもこれも澤部くんたちが『**相葉くんと話していると思わず口を滑らせてしまう（苦笑）**』――と言う、相葉くんの〝ウェルカム〟な性格のおかげ。日曜日の午後6時、こんなにほんわかとするバラエティはなかなかありません」（同前）

たとえば新年最初のこの回では、ふいに——

『**餅つきをするのはいつぶり？**』

——と尋ねられた小峠が、高校時代のアルバイトで、

『**馬車馬のようにひたすら餅をついたことがある**』

——とカミングアウト。

『**どんなバイトだよ!?**』

——と盛り上がった。

「普通のバラエティでは小峠さんが自分から〝高校時代のバイトで馬車馬のように餅をつき続けた〟などと明かすことはありません。もちろんこの日のロケバスが餅升付きだったとしても、小峠さんは最初から〝相葉くんに餅つきについて聞かれるな〟とネタを準備していたし、もし聞かれなかったとしても〝これを言ったら相葉くんが盛り上がる〟の確信があったはず。共演者を〝その気〟にさせるのが、相葉くんが自然に醸し出す魅力なのです」（同前）

確かに餅つきがスタートすると、相葉と小峠はすぐに息が上がりながらも、経験者の小峠のおかげで意外にもきれいな餅に仕上がっていく。

そこで負けじと餅を返す係の澤部が気張り、阿吽の呼吸で餅が完成。

相葉はご機嫌な様子で——

『3人で餅つきのバイト始めようか!?』

——と笑う。

3人はつきたての餅をまずは七輪で焼き、定番の〝磯辺焼き〟を味わう。

さらに〝大福〟や〝おしるこ〟などで、お餅とあんこの〝ベストカップル〟を満喫したのだった。

「また1月24日のオンエアも、新年最初の餅つきに負けずに面白かったですね。というのも1月3日の『VS魂』生放送後に体調を崩し、静養していた時の様子を初めて話してくれたからです」(同前)

相葉は澤部と小峠に「心配かけてごめんなさい」と言うと、意外な〝差し入れ〟と〝差し入れ主〟を明かす。


『お正月発熱しちゃって家にずっといたんだけど、
翔ちゃんがね、フルーツとか何かいろいろ持ってきてくれたんだよね。

もちろん何かあったら困るから会ってはないんだけど、

「これ渡しとくから」って管理人さんに(渡してくれた)。

だからお返しに「翔ちゃんに渡して」って、アンダーパンツ10枚くらい持っていったんだよ。

翔ちゃんのマネージャーに「〝ありがとう〟って渡しといて」――って。

あんま会う機会なくなっちゃったからさ』

澤部と小峠が芸人らしく——

『なんでパンツ?』

——とツッコむと、相葉も慣れたもので、

『知らない?
櫻井翔のパンツは、いっつも相葉雅紀が支給してるの』

——と返す。

しかし澤部と小峠はそのリアクションを「(無理してるな)」と感じたらしい。

それは相葉が――

『あんま会う機会なくなっちゃったからさ』

――と言った時、自分たちから少し視線を外したからだと呟く。

それは……

〝紛れもない本心〟で、

〝本当は自分たちには明かしたくなかったのだろう〟

――と。

活動休止中にチャレンジしたい〝新たなジャンル〟

嵐の活動休止を控えた昨年の12月、相葉雅紀は自身が担当するラジオ番組で声優の下野紘と共演、かねてから大ファンだったという下野を前に〝下野愛〟が大爆発した。

普段は超国民的トップスターとして多くのファンから憧れられる立場の相葉が、この日は〝いちファン〟としての喜びと嬉しさを隠しきれなかったという。

下野紘は現在40才で、リーダーの大野と同い年。2001年に声優デビューと芸歴も嵐に近く、かつては声優ヴォーカルユニットのリーダーとしても活動経験があり、声優デビュー15周年を記念して歌手としてもデビュー。昨年はファーストフルアルバムをリリースしている。唐揚げ好きとしても知られ、日本唐揚協会主催の〝からあげグランプリ〟で2012年から8年連続でベストカラアゲニストを受賞するなど、意外な経歴を持つ人気声優。

「テレビアニメも劇場アニメも多数出演されていますが、相葉くんが下野さんを知るきっかけになったのは2013年にテレビアニメ化され、2014年から2018年にかけて劇場版3作品が公開された『進撃の巨人』シリーズでのコニー・スプリンガー役。また昨年公開され、日本歴代1位の映画興行収入を叩き出した『劇場版 鬼滅の刃 無限列車編』でも、2019年のテレビアニメと同じく我妻善逸役のキャラクターボイスを担当しています」〈人気放送作家氏〉

相葉雅紀が嵐としてアイドル界の頂点に立てば、下野もまた、声優界のトップ集団に間違いなく名を連ねる。両者のファンにとっては夢のような組み合わせだったのだ。

「実は相葉くんは、しばしば嵐のＩｎｓｔａｇｒａｍストーリーでキャラクターボイスの真似をするなど、ファンの皆さんには〝ひょっとしてアニメヲタク？〟の疑念を持たれていました。もちろんアニメヲタクであることに何の問題もありませんが、しかし今回の下野さんとのマッチングで、アニメヲタクというよりは声優ヲタク、通称〝声ヲタ〟寄りであることが発覚したのです」〈同人気放送作家氏〉

通常、男性の声ヲタは大半が女性声優のファンになるもの。

かつてのアイドル声優といえば歌手としても活躍、ＮＨＫ紅白歌合戦に出場した水樹奈々の名前が挙がるが、最新のランキングでは花澤香菜、水瀬いのり、佐倉綾音、早見沙織、内田真礼、雨宮天、種田梨沙、沢城みゆき、竹達彩奈、茅野愛衣らが、アイドル声優としてトップを構成しているらしい。

「相葉くんは女性声優には目もくれず、下野さんをはじめとする男性声優が気になるといいます。その理由は『今の自分ではとても手が届かない、高度な技術と感情表現でキャラクターを作っている』からで、そこには将来的に『自分も吹き替えをやってみたい』――という目標があるからです」（同前）

相葉にそんな志向があったとは驚きだ。

『しばらくソロになってお仕事をやらさせて頂く中で、
嵐では自分しか出来ないようなジャンルを切り拓かないと、
翔ちゃん、ニノ、松潤に置いていかれるからね。
でも、やるなら自分の憧れや好きなことにしたい。
それが〝吹き替えのお仕事〟なのは自分の中では明白。
1回とか2回とかのゲスト扱いじゃなく、ちゃんとやってみたい』

ここで相葉があえて〝声優〟と言わずに〝吹き替え〟と言ったのは、下野紘に対するリスペクトだという。

相葉は自分が〝声ヲタ〟〝下野紘さんヲタ〟だということを公式にカミングアウトすることが出来たのは——

『リアルにこれは佐久間（大介）のおかげ。
塚田（僚一）や宮田（俊哉）も頑張ってたけど、アイツら見た感じネガティブじゃん？
でも佐久間はハイテンションでいかにもポジティブ。
あれでヲタクをカミングアウトするハードル下がったよね。
〝ヲタクはこんなに楽しいんだぞ！〟って』

——と、Ｓｎｏｗ Ｍａｎの佐久間大介に感謝していることを明かしたという。

こうしてまたひとつ〝自分の殻〟を破った相葉雅紀。

嵐活動休止中に〝声優〟……いや〝吹き替え〟の仕事に臨み、自分のものとすることが出来るだろうか。

相葉の望む結果が出るならば、その時、〝相葉雅紀の可能性〟がさらに大きく広がるはずだ。

5th Chapter

二宮和也

Kazunari Ninomiya next stage

ARASHI
next stage

相葉の気持ちに応えた二宮の〝嵐愛〟

『VS魂』レギュラー放送の初回からピンチヒッターを務めた二宮和也。


『前の日にさ、マネージャーから「明日、ちょっと仕事を手伝えませんか?」――って。

1月3日の夜だよ!?

明らかにこちらのスケジュールを把握した上で、強制されているようなもんでしょ。

まあ理由を聞いたら、逆に行かないわけにはいかなかったけど』

初回の生放送を終えた後で体調を崩し、翌日行われるはずの『VS魂』2週録りを欠席することになった相葉雅紀。

普通の番組でいえばメインMCにあたる〝キャプテン〟のピンチヒッターとして、まずは14日放送分を二宮和也、21日放送分を村上信五が登場。

番組冒頭には相葉に加え、初回の生放送も欠席している副キャプテンの風間俊介も電話で出演した。

「電話出演した相葉くんに、二宮くんが『体調悪そうにするのやめて』——と先制パンチでツッコむと、相葉くんは『俺だって死ぬほど行きたい。全力でモラルと戦って、行かないほうがいいかなって』と弁解し、さらに『ちょっとだけ頼り甲斐なくやってもらっていい? そうしないと〝二宮くんのほうが頼り甲斐がある〟ってなっちゃうから』——など、上手く切り返していました。また同じく欠席した風間くんが、悔しそうに『相葉さんと同じ気持ち。心の底からそっちに行きたい』と言うと、『こっちはこっちでやっておきますので、ゆっくり休んでください』——と、二宮くん流のギリギリで嫌味にならない口調で突き放し、笑いを誘いました」(人気放送作家)

さすが、そのあたりのトーク回しには二宮に一日の長がある。

冒頭のオープニングもいきなり——

『昨日の生放送、大変だったな～』

——のセリフから入り、佐藤勝利(Sexy Zone)に、

『相葉くんじゃないですよね？』

――とツッコミを入れさせる余裕があった。

確かにこれだけ上手に番組を回されては、相葉が心配するのも無理はない（笑）。

「二宮くんは〝キャプテン代理〟としてレギュラーチームを率い、大倉忠義くん、広瀬アリスさん、瀧本美織さん、松下洸平さん、川栄李奈さん、生瀬勝久さんの『知ってるワイフ』チームと闘い、見事に勝利を収めました。レギュラーチームには『VS嵐』の〝プラスワン〟ゲストと同じ立ち位置で〝プラス魂〟ゲストが加わりますが、その児嶋一哉さん（アンジャッシュ）、近藤春菜さん（ハリセンボン）の扱い方も、おそらく相葉くんなら遠慮がちになるところ、ザクッと斬り捨てるようにツッコミを入れる。見事なトーク術です」

――と、人気放送作家氏の二宮に対する評価は高い。

『ゲームでいえば、俺は『DAMASHI魂』が面白かったかな。
あれは『VS嵐』の〝ババ抜き最弱王〟に匹敵するぐらい、単独でスペシャルが組めると思う。
ポイントはチーム戦になるところで、今回こっちのチームは俺と春菜氏が組んで出たけど、
1チームの人数制をいろいろと試してみて、
もう一つぐらい、一気に〝はじめに戻る〟みたいな仕掛けがあればもっと面白い。
一応スタッフには伝えて、相葉くんと相談するようにお願いしたけどね』

まるで『VS嵐』時代と同じポジションにいるようだ。
間違いなく二宮和也の中でも〝嵐愛〟〝『VS嵐』愛〟の火種は燃え続けているのだろう。

『『VS嵐』の最終回から10日しか経ってなかったんだから、
そう簡単に気持ちは切り替わらないよ(苦笑)。
でもあくまでも俺自身が感じたことで、〝意見〟というほどのものでもない。
煮詰めていくのは相葉くんだから』

1月3日の生放送が終了した後、公式コメントとして――

『勝負ではありますけど、来てくれたみんなが帰りに、
「楽しかったな」――って思ってくれるような番組が出来たらいいなと思います』

――と、レギュラー放送に向けての抱負を語っていた相葉。
実は翌日の収録欠席で二宮のピンチヒッターが決まった際、すぐに連絡を入れて同じ言葉を伝えていた。

『相葉くんには何回も「とにかく楽しく盛り上げてください」――って頼まれたんだよね。
そういうこと、嵐の時には言わなかったのに。
きっと『VS魂』が〝自分の番組だ〟っていう強い想いがあって、
別にわざわざお願いするような(遠い)関係じゃないのに、
それでも彼なりに筋を通したかったんだと思う。
それをしっかりと受け止められるのは、嵐のメンバーしかいないじゃん?
やらせて頂きましたよ、全力で(笑)』

相葉の気持ちにしっかりと応えた二宮和也。

ちなみに二宮、それでも少しは心配だったのか、1月14日のオンエアを見て〝ホッとした〟そうだ。

ただし……

『21日は見てないよ。
どうせめちゃめちゃうるさかったんでしょ?
村上信五って人が』

——とのことだ(笑)。

あの先輩からの「〝ニノ会〟を作れ」の指令

今更ながらの話ではあるが、ここ数年、ジャニーズ事務所の所属アーティストの間では〝○○会〟と名付けられた身内の集まり（？）的なグループが大人気。

その代表格が櫻井翔をトップに崇める〝アニキ会〟なのは言うまでもない。

「かつてジャニー喜多川さんはグループ内でのライバル意識を高めるため、あえて〝初顔合わせ〟のようなメンバーを集めてグループを組ませたりしたものです。それが今ではグループ内はもちろんのこと、グループを越えての仲良し軍団まで結成されるようになるとは。どちらが良い悪いの話ではないですが、競争心が希薄になっているのは事実でしょうね」（日本テレビ関係者）

誤解を恐れずに言うと、2023年3月31日から施行されるジャニーズJr.の〝定年制度〟も、そういったぬるま湯状態を見るに見かねた上層部が下した、現状打破の最終兵器かもしれない。

「もう大昔の話になりますが、六本木の裏通りに芸能人ご用達のダイニングバーがあり、そこには近藤真彦を筆頭に元ジャニーズの薬丸裕英、布川敏和、諸星和巳、さらには東山紀之、若かりし頃の木村拓哉が頻繁に訪れていました。しかし彼らが同じ時間に偶然居合わせると、人懐っこいフッくん（布川）以外、お互いに声をかけるどころか目線も合わさず、背中を向けて飲んでいたものです。それほど彼らのライバル意識は強烈で、今のジャニーズが見習うべき点も少しはあると思いますよ」

（大御所放送作家氏）

先輩後輩の関係が準体育会系に変わったのは、東山紀之がＳＭＡＰのメンバーを可愛がり始めた１９９０年前後からだといわれている。

「全員がライバル意識バチバチの関係から、体育会系に近い〝縦割り〟の関係に。嵐のメンバーは全員が90年代の入所ですから、その頃から今に続く体育会系の土壌が出来上がっていたのです」（同大御所放送作家氏）

そんな縦割りの先輩から「会を作れよ」と半ば強制的に勧められたのが、二宮和也だった。

『もうさ、どう考えても嵐の中で一番〝会〟とは無縁の男だよ？
山田（涼介）くんや中丸（雄一）くんを誘ってゲームサークルを作るならともかく、
「平野（紫耀）くんを第1号メンバーにして〝ニノ会〟を作れ」――とか、
何かの罰ゲームですか⁉……みたいな。
どうなってんのよ、拓兄ィ（苦笑）』

――しかもそれが、あの木村拓哉からの指令だったとは。

「二宮くんは『連絡先も教えてないし、知らないし……。彼、MJと仲良いんでしょ？〝潤会〟でいいじゃん』――と頭を抱えていました」

日本テレビ『ニノさん』制作スタッフ氏は、新年一発目の収録でのエピソードを話してくれた。

「最初に、何で木村くんが二宮くんにKing & Prince平野くんの面倒を見るように頼んだのか、そこが不思議でした」（『ニノさん』制作スタッフ氏）

確かに。木村と平野には目立った共演歴はないはず。

「2人は正月3日の『VS魂』で共演し、そこで木村くんが平野くんを『キミ、面白いね』――と気に入ったというのです」（同制作スタッフ氏）

1月3日、『VS魂』初回3時間生放送スペシャルに出演した平野紫耀は、同じくゲストとして登場した事務所の大先輩、木村拓哉に向かって――

『**ほぼ初めましてです**』

――と挨拶をすると、続けて「聞きたいことがあるんです」と言って、ジャニーズの〝くん〟付けの習慣について尋ねたのだ。

この時、平野は新ゲームの『DAMASHI魂』のセットにいて、スタジオの木村とは画面越しの会話だった。

「平野くんは木村くんを相手にガチガチに緊張しながら『**ジャニーズって〝くん〟付けで呼ばれてたりするじゃないですか。〝相葉くん〟〝大倉くん〟って。それで〝くん〟付けで呼んでみたい憧れがありまして**』――と喋り出したものの、木村くんに対して〝木村くん〟ではなく『**キムタくん**』――と口にしてしまったのです」(同前)

それまでの和やかな雰囲気から、スタジオは一瞬にして凍りつく。

ところが木村は——

『アリ、アリ』

——と、微笑みながら許してくれた。

焦ったのは相葉とゲストの大倉。

即座に——

『〝木村さん〟だよ！』

——とツッコミを入れ、平野が〝木村さん〟と言い直すと、笑顔の木村は——

『〝キムタくん〟だろ』

——と天丼（※繰り返し）で返す。

「この一連のやり取りで平野くんを気に入った木村くんは、二宮くんに『あの子の天然は面白い。良さを失わないように〝ニノ会〟で伸ばしてやってくれ』——と頼んだというのです」（同前）

頼むほうは簡単だけど、頼まれたほうは難題を押しつけられたも同然だろう。

『もともとよく知ってるとかなら別だけど、
ＭＪや翔ちゃんしか連絡先知らない子を、いきなり目の前に連れてこられても……。
しかも〝ニノ会〟が存在しているならまだしも、ないからね。
〝どうしても〟って言われたら、作るしかないんだからね！
拓兄ィのご命令なら犯罪以外は言うことを聞かなきゃいけない。
でも〝ニノ会〟だけは無理無理無理！
ガチにどうやって断ればいいんだ？
ごまかす方法、ないのかよ（泣）』

おそらくは木村も、本気で二宮に「ニノ会を作れ」と命じてはいないだろう。
しかし2021年からソロ活動に入り、これまで以上に周囲との関係性や距離感が大切になる中で――

『後輩も含めた〝輪〟の中に溶け込むことも必要だ』

――と教えようとしている気がしてならない。
かつて解散を経験し、半ばその〝元凶〟のような扱いを受けて周囲から孤立した時を過ごした先輩からのアドバイスとして――。

グループ活動からソロ活動への〝自覚〟と〝覚悟〟

「二宮くんは『来年（2021年）からは最低でも年に2回ぐらいは行くべきだと思ってるんだけど、いくら人間ドックでも関わるのは医療従事者の皆さんじゃん？　あまりお手間を取らせたくないのも本音なんだよね』——と、悩んでいました。このご時世だからこその気遣いというか心遣いというか、そこに感心するのと同時に〝1人になるのも大変なんだな～〟って、改めて思い知らされた気がしました」

日本テレビ『ニノさん』制作スタッフ氏は、昨年末の収録の合間、二宮和也と雑談している最中、いきなり——

『やべえ、予約いつだっけ⁉』

——と、二宮が慌て始めた時のエピソードを話してくれた。

「〝予約〟の意味もわからないし、何のことかキョトンとしていました。すると二宮くんもそれに気づいたのか『いや、いろいろと検査の予定をね……』と言うので、どこか悪いところでもあるのか心配したんですよ」（『ニノさん』制作スタッフ氏）

活動休止に向けて無理をしても走り続けてきた嵐メンバーだけに体調を崩していてもおかしくはない。

すると二宮は笑いながら左手を左右に振り――

『いやいや、ただの〝人間ドック〟だから』

――と答えたそうだ。

「二宮くんもアラフォーですからね。念のために人間ドックを受けようと考えたのだと思いました。ところが〝これまでにも年に1回は受けている〟というので少々驚きました」（同制作スタッフ氏）

芸能人は体が資本。ジャニーズ事務所では所属タレントに「自覚症状がなくても人間ドックを受けることを推奨しているそうだが、それは他の大手芸能プロダクションも同じ。もちろんわざわざ「検査を受けました」などと公表することはない。

「これは芸能界の一般論ですが、テレビのレギュラー番組、それに何といっても契約しているCMスポンサーに対し、プロダクション側は万全の健康管理体制を取っていることをアピールする必要がある。病気に罹るのは誰の責任でもありませんが、早期発見で防ぐのは事務所側の努力。大手プロダクションほどしっかりしているのは、売れっ子を多く抱えるほど対外的な仕事先、取引先が多いからです」(同前)

しかも二宮の場合、2021年からしばらくの間は〝ソロ〟活動になる。

グループの場合はたとえ誰かが入院しても残るメンバーがフォローしてくれるが、ソロの場合、状態や状況によっては〝降板〟せざるを得ないのが厳しいところ。

二宮が『いつだっけ!?』という予約も1月に予定していた人間ドックのようだが、冒頭の制作スタッフ氏のセリフにあるように〝それはそれで悩みもある〟らしい。

「今は日本中が混乱してますからね。それに嵐はジャニーズの〝Smile Up! Project〟で医療従事者のサポートをしてきたので、二宮くんの気持ちの中には『**そんな自分が負担をかけるのはどうなのよ?**』――の想いもあるようです」(同前)

それが二宮の気遣いであり優しさなのだろう。

とはいえソロで仕事をする上で必要なことは、遠慮せずにこなしていかねばならない。

「人間ドックの話から内視鏡検査の話になって、二宮くんに『やったことある？』と聞かれたので素直に〝ない〟と答えると、いきなり目を爛々と輝かせて『ないんだ!? ないんだね～』――とニヤニヤし始め、『辛いんだよな～結構』――なんて、思わせぶりに検査について語り出したんですよ（笑）」（同前）

そこで二宮はこんなことを語り出したという――。


『内視鏡ね。まず大腸が大変よ。

胃から腸からありとあらゆる〝モノ〟を出さなきゃいけないから。

でも出したはずなのに満腹感があって、検査薬を飲んでも押し出される感じで飲めないの。

空気が溜まっちゃってるんだよね。

それと胃の内視鏡もさ、もうむせてむせて大変よ。

下手したら内視鏡のケーブルで喉を痛めるかもしれないから、
俺の場合は麻酔をかけてもらってさ、軽く眠っちゃったりするんだけど。

辛さを克服しないと体の中の悪い部分が見えてこないから。

まあ一人で仕事をしていく上での自覚、覚悟だよね。

その辛さを乗り越えるアイテムは』

これだけ話すと、二宮は満足そうに――

『じゃ、収録よろしく』

――と去って行ったそうだ。

『一人で仕事をしていく上での自覚、覚悟だよね』

〝嵐〟というグループ活動から〝二宮和也〟というソロ活動へ。

その変化に対する〝自覚〟と〝覚悟〟は、すでに二宮の中では出来ているようだ。

二宮和也にとっての〝芸能界の母〟

今年の1月中旬、某女性誌が二宮和也の妻が第一子を妊娠したことを報じ、ファンは騒然となった。

「入籍した時もそうですが、ファンは認めざるを得ない現実（悪夢）が発生しても、タレント、俳優、アーティストとして完璧であれば構わないと考える方が多いものです。ジャニーズのメンバーが結婚しても披露宴を行わない、あるいは身内だけで行っていたとしても〝超〟がつく厳戒態勢で決して公にしないのは、披露宴の写真など夢を壊す物を残さないためです」（スポーツ紙芸能記者）

少々古い話で恐縮だが、2000年に木村拓哉が工藤静香と結婚した際には、工藤サイドの関係者が結婚式のテレビ生中継を画策していたことが発覚すると、ジャニーズ上層部は烈火のごとく激怒。結婚を破談にするか生中継を諦めるか、どちらかを選ぶように迫ったといわれている。

「二宮くんは木村くんから当時の話を聞いていて、またアドバイスも受けています。結婚式や披露宴、さらには妊娠や出産など、『**先にマスコミにスクープされた時点で〝最悪タレント生命も終わる可能性もある〟と思え**』――と、アドバイスとはいえ、かなり厳しいセリフを突きつけられたそうですよ」（同スポーツ紙芸能記者）

木村は相手が同業者の工藤静香だったが、二宮の場合はあくまでも〝一般人〟。それゆえ彼女を守れる人間も〝自分しかいない〟という、強い覚悟も必要なのだ。

「妊娠と出産の目処が春頃だとスクープを抜かれ、二宮くんもジャニーズも怒りが爆発した。そんな彼をなだめ、慰めてくれたのが、昭和を代表するあの美人女優だったのです」

話してくれたのは、二宮和也に近い放送作家氏だ。

「あの方はまるで予知能力や透視能力があるかのように、二宮くんのバイオリズムが悪い時、悩み事を抱えていそうな時に連絡をくれるのです。おつき合い自体はまだ5～6年ですが、〝芸能界の母〟と言っても過言ではありません」（同前）

皆さんにもおわかりだろう。

女優の吉永小百合だ。

「2015年公開の映画『母と暮せば』でW主演を務めた吉永さんと二宮くんでしたが、交流はそれからも続き、二宮くんの役者としての繊細さや芝居感に惚れ込んだ吉永さんが、応援団としていつも味方になってくれているそうです。昭和を代表する美人女優、大女優のお一人に可愛がってもらえて、二宮くんも『〝光栄〟という言葉以外、何も浮かばない』──と感激しています」(同前)

『母と暮せば』は山田洋次監督、共同脚本作品で、第39回日本アカデミー賞で二宮和也を最優秀主演男優賞に輝かせてくれた、記念すべき作品だ。

「主演男優賞と女優賞、助演男優賞と女優賞にすべてノミネートされ、黒木華さんが最優秀助演女優賞に輝きました。吉永さんは残念ながら優秀主演女優賞、浅野忠信さんが優秀助演男優賞でしたが、会場の吉永さんが二宮くんと黒木さんの受賞をご自分のことのように喜ぶ姿が、何よりも印象に残っています」(同前)

それ以来、季節ごとに定期的に食事を一緒にしていた二宮和也と吉永小百合。

特に最近嬉しかったのが、吉永が〝2020年、心に残った映画〟に二宮が主演した『浅田家!』を挙げ、「とても胸を打たれた」と感想を述べていたことが二宮の耳にも届いていたことだったという。

『去年からのコロナ禍でほとんどお会いすることが出来ず、
電話やメールでお話しするのが精一杯でしたからね。

別に食事をしても前回からの間に起こったことを報告するだけだから、電話だけでも構わないんだけど。

でもお顔を拝見しながらと、そうじゃない場合では、やっぱり心の温度が違うんです。

小百合さんとお会いすると、本当に心がほんわかとして落ち着くから』

穏やかな表情で話す二宮。

この3月には76才になる吉永の身を案じ、やはり『会うのは我慢しなければ』とも語る。

『全然お元気よ！
いっつもシャキッとして、お美しさも変わらない。
でもコロナウイルスはどこにいるかわかんないし、
それは俺自身にも同じことが言えるけど、
仕事以外の外出は極力リスクを避けることが、
人前に出る、芸能人としてレギュラーのお仕事を頂いている人間の義務だからね』

嵐が活動休止を発表した2019年1月27日、実はその前年から吉永には率直にグループの状態を明かしていたのだ。

『〝解散ではなく休止するようになりそう〟
〝休止に決まりました〟
――って過程や結論をお伝えした時、
小百合さんはずっと悲しんでおられて。
でも「皆さんがお決めになったことだから。
それに向かって私も早く応援出来るように、前を向いて歩いていきたい」
――と、聖母のように励ましてくださったんです。
あれからまた、小百合さんに対する信頼が強くなりましたね』

――そう明かす二宮は、もちろん妻も紹介し、結婚も事前に報告したのだろう。

今回の一部騒動についても二宮は——

『小百合さんに余計なご心配をおかけしてしまった』

——と悔やんでいたという。

ふと頭に浮かんだのが〝東山紀之と故・森光子さん〟の関係。

二宮にもこれほど強力な応援団がついているのだ。

これから先、日本を代表する俳優へと順調にステップアップしていく姿を、ファンはもちろん、〝芸能界の母〟であり、大先輩の吉永小百合にも見せて欲しい。

それが唯一の、恩返しになるのだから——。

二宮和也が紡ぎだす〝メンバー同士の絆〟

1月25日に39才の誕生日を迎えた櫻井翔に、二宮和也から粋な(?)プレゼントが届いたことが同日の『news zero』で明かされた。

有働由美子アナから誕生日を祝福された櫻井は、そこで二宮から誕生日プレゼントが届いたことを明かした。

『二宮から〝あるもの〟を大量にプレゼントされて、ちょっと僕もビックリしたんですけど……』

――と言いながら、おもむろに取り出したのが〝迷彩柄のマスク〟。

櫻井は――

『こんなものあるんですか?
ありがとうございます』

――とお礼をしたものの、

『ちょっとマスク、目立たないためのものですから』

――と、苦笑いを浮かべていた。

当時のエピソードを話してくれるのは、日本テレビ『ニノさん』制作スタッフ氏。

「二宮くんはメンバーへのプレゼントを〝毎年、そこに命を懸けるぐらい〟考え抜き、基本的には『**笑ってもらいたいじゃん。ハッピーな日なんだから**』――というのがポリシー。かつて櫻井くんの私服や私物が〝迷彩ばっかりじゃん〟とからかわれていた時期があり、何年か越しに『**今年は迷彩で攻める**』――と、年末に話していました」(『ニノさん』制作スタッフ氏)

有働アナからは「ステキな、愛のあるプレゼント」との言葉を贈られた櫻井だったが、二宮はその言葉に――

『ガッツポーズをかましましたよ』

――と、嬉しそうに制作スタッフ氏に語ったという。

「僕らは担当している番組のメインのタレントさん、つまり僕の場合は二宮くんですが、パーソナリティを務めるラジオ番組を必ずチェックしています。今はスマホのアプリを使えばタイムシフトで聞けますからね。櫻井くんの誕生日前夜に二宮くんの番組のオンエアがあり、彼はそこで『明日、櫻井翔さんの誕生日ですよ。今日1月24日でしょ？　おめでとうございます』――と祝福していたので、ハッとプレゼントのことを思い出したんです」（同制作スタッフ氏）

二宮が——

『お友だちの櫻井くんが明日お誕生日。
何かしましょうか?
『zero』見ます。
ちょうど『zero』の日なんだね、誕生日。
見て〝おめでとう〟って言います。
素晴らしいね』

——とラジオ番組で語ったことで、制作スタッフ氏はさらに「確信を深めた」そうだ。

「いちいち〝『zero』を見る〟って言ったのは、ファンの皆さんにも『見て欲しい』——の意味。
それだけではない、見れば『いいことがありますよ』——の予言でもあるのです。二宮くんはそういう
〝謎解き〟を吹っ掛けるタイプですから」

制作スタッフ氏の予感通り、二宮和也は櫻井翔にプレゼントを贈り、それに櫻井が触れるまでのストーリーを作っていたのだ。

『そういうのさ、

〝嵐のファンのみんなは嬉しいんじゃないかな?〟と思って。

今は一緒に番組はやってなくても、

〝それぞれの番組を通してエールを贈り合う〟――みたいな。

あちらのスタッフさんもこちらのスタッフも、喜んでくれる気がして。

相葉くんともMJとも、そのうちやり取りしたいと思うね。

ファンのみんなに〝嵐は健在〟と思ってもらうためにも――』


ここまで見事なファンサービスは、二宮和也にしか思いつかないかもしれない。

これから果たして、どんな場面で二宮がメンバーそれぞれにエールを贈り、贈られたメンバーは二宮にどんな風に返すのだろうか。

そこには確かにメンバー同士の〝絆〟が存在し、その瞬間、確かに〝嵐〟を感じることが出来るのだ――。

6th Chapter

松本潤

Jun Matsumoto next stage

出演できなかった〝カウコン〟への想い

毎年恒例、ジャニーズ事務所所属のアーティストたちによる年越しカウントダウンコンサート（通称 カウコン）。

これまでは東京ドームで行う生中継のライブイベントだったが、2020年から2021年へのカウコンは新型コロナウイルスの感染拡大に伴い有観客でのライブを中止。その代わりにカウントダウンを行う〝音楽番組〟として、総勢11組のアーティストが東京各所に出没、パフォーマンスを行う『日本中に元気を!! ジャニーズカウントダウン 2020‐2021～東京の街から歌でつながる生放送～』（フジテレビ）としてオンエアされた。

「自称〝2020年NHK紅白歌合戦の白組司会者選考で落ちた男〟こと村上信五くんが、今回初めてカウコンの司会進行を務めました。出演グループは皆さんもご承知でしょうが、紅白出場組の関ジャニ∞、Hey! Say! JUMP、Kis-My-Ft2、King & Prince、SixTONESに加え、六本木ヒルズ周辺をルーフトップバスで走り回ったNEWS、お台場の夜景をバックに歌い上げたKAT-TUN、残念ながら紅白出場を辞退したSnow Manは渋谷PARCOから、ジャニーズWESTはよみうりランドから。ライブを楽しみながら、様々な東京の風景も楽しめる演出になっていました」(フジテレビ関係者)

人混みで密になりそうな場所は事前収録で対応し、全11組がそれぞれの場所から代表曲で繋ぐ〝ジャニーズスーパーヒットメドレー〟の盛り上がりのまま、カウントダウンの瞬間を迎えた。

後にこのライブの完全版がネット配信されたので、嵐ラストライブにかじりついていたファンの皆さんも、ゆっくりとご堪能頂けたことと思う。

「実は松本くんは『**今年のカウコンはどうなるんだろう**』——と、ずっと気にしていたんです。しかし紅白歌合戦とカウコンの両方に中継で出演するのは、本人たちの意思だけでは決められない〝大人の事情〟が絡んでいて、結局カウコンでは直前のライブ映像を年が明けてから放映することで決着。最後まで残念がっていましたね」(同フジテレビ関係者)

意外に思われる方もいらっしゃるだろうが、松本潤はジャニーズの仲間や満員のファンと迎えるカウントダウンの瞬間をとても大切にしていたという。

「カウコンが今のようにジャニーズ総出演で生中継され始めたのは2003年からですが、嵐が出演した17年の間、司会を務めたグループはTOKIO、KinKi Kids、嵐の3組のみで、また個人でも国分太一くんと井ノ原快彦くんのペア、さらには途中でメンバーが合流した2016年の相葉雅紀くんしかいないのです。嵐は2007年から2009年までの3年連続と、2015年と途中合流した2016年。CDデビューしたメンバーのほぼ全員が出演するカウコンの司会を担当することは、その時代の〝ジャニーズ代表〟と同じ意味ですからね」(同前)

松本は3年連続で司会を務めた3年目の2009年、自分自身に言い聞かせるように――

『俺たち、ここまで来たんだな』

――と言って、涙ぐんでいたという。

それ以降は、怒涛のNHK紅白歌合戦の司会が続いて物理的にカウコンの司会を務めることが出来なくなったが、松本は——

『NHKホールから東京ドームに向かう車の中で、
その年の最後の仕事に向かう高揚感を感じる。
その瞬間が1年のうち〝最も上がる〟んですよ』

——と、カウコンに対する想いを語る。

『やっぱり紅白からカウコン、そして初詣までの時間は、
いくらジャニーズに所属していても誰もが味わえるわけじゃない。
俺の中でその1日は、ずっとレッドカーペットの上を歩いている気持ち。
〝また来年、この場所をメンバーと歩きたくなる〟気持ちが湧いてくるんだよね』

年が明け、嵐が活動休止に入った2021年のカウコンは『2021年 日本を元気にするJ'sメドレー』と題した光GENJI、SMAP、TOKIO、KinKi Kids、V6、タッキー&翼など先輩たちを含めたジャニーズ定番曲のグループメドレーからリスタート。

そして2021年に15周年を迎えるKAT-TUN、10周年を迎えるKis-My-Ft2、Sexy ZoneのAnniversaryメドレーに続き、いよいよ『This is 嵐 LIVE』の映像が一部放映された。

「VTRから下りた時、関ジャニ∞のメンバーがそれぞれ嵐のメンバーうちわを持って待っていました。中でも大の仲良しでもある相葉くんのうちわを持つ横山くんが『**感慨深かったですけど、華々しくゴールテープを切ってくれて嬉しいですし、これからのみんなに期待してます**』――と語り、大倉くんが強調するかのように『**休止ですからね**』――と受けたシーンは、ファンの皆さんの胸を打ったんじゃないでしょうか」(同前)

フィナーレでJ-FRIENDSの『明日が聴こえる』を熱唱した11組のアーティストたち。

残念ながらそこに嵐の姿はなかったが、なぜかその真ん中に5人の幻が見えたかのような存在感を、〝そこに嵐がいないからこそ〟感じさせてくれた気がした――。

松本が誘った〝相葉とのサシ飲み〟

「あれは確か一昨年の春ぐらいの収録だったと思います。松本くんが寿司を食べていてアゴがズレてしまい、口を大きく開けるのが〝怖い〟と話していたことがあったんです。二宮くんが『世界で一番柔らかいもの食ってアゴ外した』――とツッコミを入れ、ツボに入ったので鮮明に覚えています。仕事の合間にお寿司屋さんに寄った松本くんが、ごくごく普通にお寿司を食べていただけなのに〝ゴキッ〟と鈍い音と共にアゴがズレてしまったエピソード。松本くんと相葉くんが寿司屋に行ったと聞いて、当時のやり取りが頭に浮かびました」（元『嵐にしやがれ』スタッフ氏）

嵐が活動休止に入った2021年、あのラストライブの感動からちょうど2週間後の夜、松本潤と相葉雅紀が連れ立って都内の高級寿司店を訪れていたことを某女性誌が報じた。

「東京タワーのお膝元、東麻布の隠れ家寿司店〝A〟のようですね。2010年代の中頃から東京の寿司屋のトレンドになっている、8人前後のカウンター席、おまかせコースのみ、1日2回転、完全予約制の店。鮨コースの料金が3万5千円なので、男性2人が普通に飲み食いすれば税込みで10万円に届いてしまいます」(グルメライター)

さすが超トップアイドルの2人が訪れるに相応しい高級店。

しかも緊急事態宣言下ではさらに客数を絞り、感染対策も十二分に行われていることを確認しての来店だったようだ。

「一度でも週刊誌や写真誌で報じられると、しばらくは足が遠退くことになると思います。松本くんは寿司に目がなく、こちらのお店にも2年ほど通っていたそうですからね。お気に入りの店に行けなくなるのは残念でしょう」

松本潤とはプライベートで交流がある人気放送作家氏は、

「仕事上で大事な話、スタッフと一対一で語り合いたい時、松本くんは必ずといっていいほど寿司屋を選ぶ」

——と明かす。

「去年の年末、松本くんと（フジテレビ）湾岸スタジオで会った時、『**今月は全然寿司屋に行けてない**』――と不満そうにしていたんです。僕が〝来年、少し余裕が出るまでは我慢するしか〟と言うと、ニヤリと笑いながら『**実はもう予約してるんだ**』と答え、含みのある言い方で『**ちょっと一人ずつとさ。行ってみようかな**』――と。きっとそれが相葉くんとのツーショットだったのでしょう」（人気放送作家氏）

確かにメンバー同士、それも一対一の2人で寿司店を訪れるのは、意外に勇気がいるもの。

「特に活動休止に入った後ですから、どこに行っても注目を集めます。松本くんたちは夜8時すぎに帰宅しているので、逆算すると夕方の5時とか5時半には店にいたことになりますからね」（同前）

活動休止直後の2人がカウンターに並んでいる姿には、居合わせたお客さんも圧倒されたに違いない。

「去年の秋、『嵐にしやがれ』の中で松本くんが相葉くんに宛てた感謝の手紙を読み上げ、『**（相葉くんが）いつも振付の時に、休まず誰よりも一生懸命練習していて、それを見て僕は〝頑張ろう〟と思うし、他のメンバーも〝もっと練習しよう〟ってやってると思います。改めてありがとう**』――と伝えましたが、やっぱり松本くんはまず最初に相葉くんと〝お疲れさま〟の乾杯をしたかったんじゃないかな――と。もちろん大晦日のライブが終わった後にみんなで打ち上げをしていても、もう一度2人でちゃんと会いたかったのでしょう」（同前）

感謝の手紙からも、その気持ちが伝わってくる。

『確かに、まずは相葉くんと飲みたかったのは事実。
この2年、その前から入れると4～5年？
メンバーの中で誰よりも気疲れしたのは相葉くんだからね。
俺も含めて残りの4人が別々の方向に進もうとしても、
相葉くんが「ちょっと待った！」と言って引き戻す。
その繰り返しだったから。
もし相葉くんがいなかったら、あの時点から2年間もこうしていられなかったし、
特に最後の3ヶ月間ぐらい、21年間の中で最も密な時間を過ごせたのは、
相葉くんが懸命に軌道修正し続けてくれたからだもん。
でも本人に言わせると、「俺は何もやってない。ただ嵐が好きなだけ」――って。
平気で言うんだよな、あの人は。
マジ顔でキモいことを（笑）』

――最後のセリフは松本流の愛情表現。

ちなみに、この日のお会計は〝マッジュン持ち〟だったとか。

そして〝この日〟といえば相葉キャプテンが欠席した『VS魂』初回放送と同じ日の同じ時間帯だったが、松本に誘われたのは〝体調を崩す前〟で、決して「番組を見るよりもマッジュンに寿司をごちそうになるほうが上」などと天秤にかけたわけではないことは、改めてお伝えしておこう。

……もちろん言うまでもないことだが。

活動休止期間だからこそ、こうした〝1対1〟で会うメンバー同士の時間が〝嵐〟にとって、これからも大切になってくるだろう。

大河ドラマ主演に秘められた〝嵐25周年〟への布石

２０２１年を迎えても猛威を奮うコロナ禍は、東京都を含めた11都府県に二度目の緊急事態宣言発令をもたらせた。

芸能界やテレビ界にも再び大きな影響を与えたが、そんな中、嵐ファンが〝勇気をもらえる〟発表がＮＨＫからなされた。

再来年、２０２３年に放送予定の大河ドラマ『どうする家康』の主人公、徳川家康役に松本潤が抜擢されたのだ。

「松本くんはもちろんのこと、嵐のメンバーが大河ドラマに出演するだけでも初めてなのに、しかも主演ですからね」（人気放送作家氏）

そしてこの発表は、同時に昨年12月31日を最後に沈黙していた松本潤から、ようやくコメントを引き出すことにも成功する。

『初めに聞いたときはビックリしました。

自分に大河のオファーが⁉

しかも誰もが知っている、あの家康を⁉

脚本が僕も大好きな古沢良太さん‼

しかしうれしかったのと同時に、大きな不安も感じました。

そんな大役を自分が務め上げられるのかと。

初めにこの話を聞いたのは昨年の11月。

嵐として2020年いっぱいまでは走り切りたいと思ってた僕は、
これだけの大きな事を決めることはできないと思い、結論を待っていただきました。

スタッフの皆さんには本当に感謝しています。

そして年が明けてから今一度考えました。

嵐という船を一度降りて、新たな冒険の先を見つけようとしている僕にとって、
こんなに大きな挑戦はありません。

また次に、心血を注いでみんなとモノづくりができるなら、この大きな挑戦をしてみたい。

古沢さんの考える家康像はとても斬新です。

今までとは違う新たな家康を一緒に作っていけたらと思っています。

そして乱世に振り回されながら、

必死に生き抜き戦国の世を平定させた人物を熱く演じられたらと思います。

日曜の夜を大河ドラマが好きな方はもちろんのこと、

若い世代の皆さんにも楽しんでいただけるようなエンターテインメントをお届けできるよう、

一所懸命やらせていただきたいと思います。

楽しみにしていてください』

『どうする家康』で主役を務める松本潤の、まるで興奮が伝わってくるかのような前向きなコメント。

過去の大河ドラマで徳川家康を演じた俳優は、家康のネームバリューに相応しく、まさに錚々たるラインナップだ。

1965年『太閤記』での〝初代〟徳川家康役の尾上菊蔵（以下、敬称略）に始まり、松山政路、山村聡、児玉清、フランキー堺、寺尾聡、滝田栄、津川雅彦、中村橋之助（現 中村芝翫）、丹波哲郎、郷ひろみ、西村まさ彦、高嶋政宏、北村和夫、西田敏行、松方弘樹、北大路欣也、内野聖陽、阿部サダヲ、そして2020年から21年にかけての『麒麟がくる』風間俊介の20名。

「『どうする家康』を含め、NHK大河ドラマ62作品の歴史の中で、実は徳川家康が主役あるいは主役と同等だった作品は『徳川家康』（1983年）と『葵 徳川三代』（2000年）、そしてこの『どうする家康』の3本しかありません。しかも家康が単独で主人公になるのは『徳川家康』の滝田栄さん以来、何と40年ぶりのこと。大河ドラマの撮影は前年の夏にクランクインするので、あと1年半ほどの間、松本くんは〝どうする？〟と役作りに頭を悩ませるでしょうね」（同人気放送作家氏）

ちなみに『どうする家康』の前年、2022年の大河ドラマ『鎌倉殿の13人』で主役を務めるのは、大親友の小栗旬。

この親友同士の〝主役リレー〟も、松本ファンにとっての〝萌えポイント〟になるだろう。

「2023年……つまり嵐のデビュー24年目の大河ドラマ主演が何を意味するのか？ もし仮に東京オリンピックが2024年に延期された場合、ちょうど嵐の〝デビュー25周年〟と重なります。そうなればNHKは何としても再び嵐をオリンピックキャスターに抜擢するつもりで、23年の大河ドラマ、24年のオリンピックと〝25周年を全面的にバックアップしたい〟と、ジャニーズ上層部に申し入れているそうですよ」（同前）

そのためには何と、櫻井翔、相葉雅紀、二宮和也を『どうする家康』に出演させ、主役の松本潤を盛り上げるプランまであるらしい。

「櫻井くんと相葉くんはバラエティのレギュラーを複数抱えていますが、近年の大河ドラマは過去のように拘束時間が長くはなく、主役以外は掛け持ちの仕事も可能。嵐の4人が一挙に出演する大河ドラマが話題にならないはずはありませんし、それぞれ役者としての評価も高い。二宮くん演じる豊臣秀吉なんて、『麒麟がくる』の染谷将太くん（織田信長）を上回る〝キャスティングの妙〟だと思いますね」（同前）

果たしてこんなに夢のあるプランが実現するのだろうか。

ジャニーズの俳優が大河ドラマの主演を務めるのは、2014年『軍師官兵衛』の岡田准一（V6）以来。これまでにない、誰も見たことがない〝徳川家康〟を演じようと、すでに松本潤はウォーミングアップを開始したとの情報も聞こえてくる。

そして何より〝嵐25周年〟に向けて、メンバー4人が大河ドラマで共演するのか――。

今から興味が尽きない。

大河主演に懸ける〝男・松本潤〟の意気込み

これまでにない、誰も見たことがない〝徳川家康〟を演じようと、すでに松本潤はウォーミングアップを開始したとの情報も聞こえてくる——。

そうお伝えした前項だったが、では松本潤はどんなウォーミングアップ、つまり準備を始めたというのだろうか。

そのヒントは、松本が今年初めて発したコメントの中に秘められていた。

それは公式コメントの——

『古沢さんの考える家康像はとても斬新です。

今までとは違う新たな家康を一緒に作っていけたらと思っています。

そして乱世に振り回されながら、

必死に生き抜き戦国の世を平定させた人物を熱く演じられたらと思います』

——の部分にあった。

「松本くんは以前から脚本家の古沢良太さんに注目していて、『いつか一緒に仕事をしてみたい人の一人』——と、周囲に話していたんです。実はＮＨＫは松本くんを口説くために、先に古沢さんと交渉。物語の骨子が出来たところでジャニーズにオファーを出したんですよ」

驚くべき証言をしてくれたのは、フジテレビの某ドラマプロデューサー氏。

要するに水面下では〝松本潤ありき〟で話が進んでいたわけで、そこまで松本にこだわる理由は前項で触れた通りだ。

「NHKがオファーを出した昨年11月の時点で、すでに〝徳川家康〟〝古沢脚本〟は伝えられていました。どうしても嵐が活動休止前に返答が欲しかったようですが、松本くんが明かしているように**『年内は嵐に集中したい』**とペンディングされた。そして2021年になるとすぐ、古沢さんのもとにジャニーズから連絡が入り、〝松本が2人だけでお会いしたいと申しているのですが……〟とスケジュールを尋ねられたといいます」（フジテレビドラマプロデューサー氏）

古沢良太氏は1973年8月生まれで、1983年8月生まれの松本とはちょうど10才の年の差がある。少年時代は漫画家志望で、現在でも脚本家、戯曲家以外にイラストレーターの顔を持っているそうだ。

『ALWAYS 三丁目の夕日』で日本アカデミー賞の最優秀脚本賞を受賞し、『探偵はBARにいる』でも優秀脚本賞を受賞。テレビドラマの代表作は『リーガル・ハイ』『コンフィデンスマンJP』などで、軽妙なコメディから数々の刑事物、さらにはハートフルなノスタルジーまで、様々なジャンルを得意としている売れっ子脚本家だ。

そんな古沢氏に松本は――

『日本人なら誰もが知る徳川家康を、
今の時代にどんな人間像で描くつもりなのか。
古沢さんの理想に僕が共鳴しなければ、
逆に大好きな古沢さんの作品だからこそお断りするつもり』

――と、むしろその時点では決して前向きではなかったのだ。

『ぶっちゃけ最初は、仮題とはいえ『どうする家康』って付けられていたら、
「いつから大河ドラマはコメディになったんだ？」……と思われるじゃないですか。
だからまずその根本的な部分と、
あと「松本潤をどう嵌め込むのか」――を聞いてみたんですよね』

松本の問いかけに対し古沢氏は――

『結局、人生は正解の見えない決断を〝どうする?〟と迫られることの連続。
徳川家康という、幼い頃から織田家や今川家に人質に出され、
決して抜きん出た才能があったと思えない人が、
〝どうする? どうする?〟で天下を獲るまでの波乱万丈のエンターテインメントを描きたい』

――と答え、さらに松本に関しては、

『華やかさと親しみやすさを持ち合わせる稀有な存在。
私の描きたい〝ナイーブで頼りないプリンス・徳川家康〟が誰よりも似合う。
似合うというより、松本さんのために(脚)本を書きたい』

――と、熱いラブコールを送ったのだ。

『古沢さんが言うには、
家康はカリスマでも天才でもなく、天下獲りに燃える野心家でもない。
三河の大名の子に生まれただけの、気が弱くて繊細な若者なんだと。
そんな家康が己の宿命ゆえに、涙と鼻水を垂らしながら泥まみれになって、
織田信長をはじめとする戦国の英雄に喰らいつく。
自分を支えてくれる勇敢な仲間たちと、乱世最大の勝利者になる。
そんな話を聞かされていたら、何となく自分たちに被ったんですよね』

――そう明かした松本。

デビュー曲は爆発的な大ヒットとなったものの、それから2年、3年、4年と世間から忘れ去られた日々が続く。

そして目の前に垂らされた蜘蛛の糸を必死に掴み、出演したドラマが好視聴率を獲得して再浮上。

その後もSMAPの陰に隠れながらも、着々と芸能界にポジションを築く――。

なるほど、松本に話した古沢氏の言葉は、まるで嵐の歴史を辿るようなセリフではないか。

『自分はつくづく幸せだな。
自分が思うナンバーワンの作り手が、
自分のために本を書き上げたい——と。
このチャレンジに乗っからないと、
自分は芸能人の前に〝男じゃない〟』

嵐メンバー初の大河ドラマ主演に向けての熱い意気込みを語った松本潤。
今までに見たことがないような斬新な徳川家康を必ず見せてくれるはず。
それが〝男・松本潤〟なのだ——。

松本潤が〝プロ〟を忘れて流した涙

2020年12月31日の午後11時過ぎ。

『This is 嵐 LIVE』のフィナーレに登場した嵐は、5人が手を繋いで横一列に整列すると、カメラに向かって晴れ晴れした表情を浮かべながら深く頭を下げる――。

配信ライブをご覧になった皆さんには、まさに一生忘れられないシーンだろう。

「ライブを終えた後、5人は会場の東京ドームに残り、年越しと活動休止へのカウントダウンを行ったそうです」（フジテレビ関係者）

嵐が初めて東京ドームのステージに立ったのは、2007年『ARASHI AROUND Asia』ツアーの凱旋記念最終公演に位置付けられた、2007年4月21日。

それから13年8ヶ月と10日、『嵐のワクワク学校』などイベントを含めた単独での東京ドーム公演の回数は、2位KinKi Kidsの59回を大きく上回り、断然トップの88回。3位SMAPの41回の倍以上、それだけ東京ドームに対する思い入れは深い。

「ファンの皆さんは嵐コンサートの聖地は国立競技場とお考えでしょうが、東京ドームは初めてのドーム公演を行った会場でもあり、Jr.時代やカウコンを含めれば優に100回以上、このステージに立っているのです。思い入れがないハズがありません」(同フジテレビ関係者)

コンサートの演出を担当した松本潤には、どうしても叶えたい演出があった。

「それはファンの皆さんのメンバーに対する〝想い〟を形にすること。それがファンから募ったメッセージを天井に映し、メンバーが読めるようにする演出です。これは他のメンバーには知らせず、完全なサプライズとして行いました。さらに大野くんがデザインした花柄のジャケットを着たり、大野くんが振りを付けた『つなぐ』『いつか秒針のあう頃』をセットリストに入れ、芸能界を休業する彼にスポットライトを当てる構成も取り入れました」(同前)

『This is 嵐 LIVE』では、これまでのライブでは見られなかったシーンが目撃された――。

「ラストの挨拶、話している最中に松本くんが泣き出してしまったことです。これまで彼はメンバーであると同時にプロの演出家として、ステージ上の挨拶で涙を溢すことはありませんでした。感極まってうっすらと涙ぐむことはあっても、誰もがわかるように泣いてしまうことなどなかった。あの一瞬だけ、彼は〝プロ〟に徹することが出来なかったのです」（同前）

国立競技場での配信ライブは事前収録で、12月31日は完全な生配信。

そのため、さらに新しい演出の数々にも挑戦しなければならなかったはずだが、その涙は演出家として大仕事を終えたことに対する安堵の涙か、それとも嵐として最後になる〝かもしれない〟ライブでの惜別の涙だったのか――。

それは松本潤にしかわからない。

様々な想いが駆け巡り、時には逡巡もしたであろうライブを終えたメンバーは、年をまたいだ2021年1月1日、5人だけで打ち上げを行ったという。

当初はお世話になった関係者、スタッフを招くことも考えていたようだが、新型コロナウイルスの感染状況を鑑みてケータリングを頼み、静かに食事をする〝お疲れ会〟を。

正直、拍子抜けしたメンバーもいたかもしれないが、松本潤は——

『これはこれで、俺ららしい』

——と笑顔だったという。

その笑顔に応えるかのように、櫻井翔、相葉雅紀、二宮和也、そして大野智——嵐メンバー全員が笑顔で〝活動休止〟の瞬間を迎えたという。

パーッと派手に乾杯するのは〝再始動ライブ〟までお預けとしよう——。

エピローグ ――They will be Back――

誰もが「訪れて欲しくない」「奇跡よ、起これ!」と願ったこの日。

しかし残念ながら、ついに迎えてしまった、この日――。

それは2020年の大晦日、活動休止前に行われた最後のコンサート『This is 嵐 LIVE 2020.12.31』が東京ドームで開催された日のことだ。


「メンバーは広い東京ドームだからこそ『すべてのお客さんが〝最前列〟にいる感覚で楽しめますように』――の想いを込め、最終的にインターネット生配信で行うことを決断したそうです。12月31日午後8時にスタートしたライブは、事前にファンが投稿したコールや歌声、ダンス映像なども演出に取り入れ、いつものコンサート会場にいるかのような一体感を生み出しつつ、無観客配信の利点を活かした最先端のパフォーマンスと〝嵐らしさ〟が存分に詰まったトークなど、最後まで観る者すべての心を温かくしてくれるコンサートでした」(日本テレビ関係者)

まずオープニングでは巨大ミラーボールの中から5人が登場。

『サクラ咲ケ』

『言葉より大切なもの』

『GUTS!』

——などライブ定番のシングル曲では、リモート画面で応援するファンの姿や歌声がモニター越しに流れ、Travis JapanからHiHi Jets、美少年、7MEN侍、IMPACTors、Jr.SPまで、メンバーたちが「しっかりと俺たちの背中を見せたい。ジャニーズの伝統を受け継いで欲しい」ジャニーズJr.を従え、圧巻のステージを展開した。

松本が――

『今から俺ら5人で最高のショーを魅せてやるよ！』

――と吠えると、二宮が透かし気味に、

『いらっしゃいませ。
見えてますか？
聞こえてますか？
繋がってますか？
楽しんでいこうぜ!!』

――と応え、相葉、大野、櫻井が言葉を被せていく。

「最後までいつもの嵐のノリと煽りを忘れないので、画面の向こうの皆さんも思わず笑顔になったんじゃないでしょうか」(同日本テレビ関係者)

『One Love』で舞った桜の花びらは、それがLEDライトの偽物だとわかっていても胸を打つ。

NHK紅白歌合戦に出場するための中断を挟んだ後半戦は、活動休止前最後のステージとなる〝最終章〟。

ブルーノ・マーズ作のデジタルシングル『Whenever You Call』から再開し、松本の――


『ラストスパートいくぞ！

今から俺たちがみんなにラブソングを贈ります。

俺らの名前は何だ？』


――の声に応えるかのように、事前に募集したファンの声がけが、

『A・RA・SHI』


――とシンクロする。

『感謝カンゲキ雨嵐』ではファンからのサプライズメッセージが会場を埋め尽くし、メンバーはこれまでにない幸せそうな笑顔を見せてくれたのだ。

櫻井翔――

『同じ夢を描き、同じ夢を追い求め、時に夢破れ、傷つき、ボロボロに……
なんて言ったらカッコいいんですけど、それはそれで楽しくやっていたといいますか、
いろいろあったんですけど、この5人がいればなんとかなるかな。
すごく楽しかった。
これからも5人で集まるし、それは〝嵐に似た何か〟。
〝嵐ではない〟とは言わないけど、
僕たちは誰かに喜んでもらうために議論したり、準備をしたり、笑顔を届けることが出来た時に、
初めて〝嵐〟と言えるからです。
僕たちがいつかまた「嵐です」と胸を張って言える時まで――。
21年間ありがとうございました』

大野智——

『僕はこのメンバー4人と20年以上一緒にいますが、
感謝していることは、人としての人間性、気配り、気遣い、感謝の気持ち。
人に良くされたら「ありがとう」を必ず言う。
人のことを一番に考えて行動する。
簡単なようで、なかなか出来ることではないと思っています。
人はすぐ変わります。
でも何も変わらずにそれらを続けてきた4人がいたから、
僕は今日までやってこれたんだと心から思っています。
本当にありがとう。
僕は明日から自分のことを考えて、自分の時間を大切に生きてみようと思っています。
またいつか、人のためになれるように。
ありがとう。
ではまたね！』

二宮和也――

『十分幸せだし本当に感謝してるんだけど、
欲を言わせてもらうと、ワガママを言っていいなら、
まだまだツッコミたかったし、もっともっとイジりたかった。
僕らの言葉は21年間で走ってきた中で、
すべて4人に向けた言葉だし、
4人が生んでくれた言葉。
昨日の夜はそれを取り上げられてしまう気がして、
浸ったりして不思議な時間でした。
横にこんな頼もしい4人がいて、
その目の前に応援してくれるファンの皆さんがいて、
本当に幸せな21年でした』

相葉雅紀——

『これまでメンバーに〝手紙〟を書いてきて、
一番最初の手紙には「トップになろうね」って書きました。
メンバーは「何がトップかわからないよね」って、いつもそんな話をしていました。
確かに僕らのいるこの世界のトップは、僕にはわかりません。
でも今日わかったのは、
僕を除いた4人のメンバーは「〝人間としてトップ〟なんだな」——と。
そんなトップの4人と21年やってこれたのは、僕の宝物です。
心から嵐で良かったです。
そして、あなたたちが嵐のファンで本当に良かった』

松本潤――

『直接目の前にはいないけど、みんなの想い伝わってます。
活動休止前最後の日にこんなライブをやらせてもらって、最高だなと感謝しています。
まずジャニーさん、13の時にジャニーズに入れてくれてありがとう。
ジュリーさん、ヤンチャな5人を諦めずに育ててくれてありがとう。
すべてのスタッフのみんな、嵐に夢を乗っけてくれてありがとう。
僕にとっても、嵐は夢でした。
信じられないほどの夢の数々を一緒に見れて、幸せだなと思います。
〝いつかこの夢の続きが出来たらいいな〟――と思います。
わかんないけど、それまで皆さんお元気で。
僕らは一人ずつになるかもしれないけど、精一杯やっていきます』

最後の曲に選んだ『Love so sweet』を熱唱すると、メンバーは肩を組み、横一列でステージ中央までゆっくりと歩み始める。

ファンに向けて何度も――

『ありがとう!』

――と呼びかけながら。

5人が光に包まれるフィナーレでは大きな虹の橋が架けられ、配信のエンドロールにはファンからのメッセージが流れ続けた。

惜別と感謝の言葉で溢れたエンドロールは2020年12月31日午後11時59分にメンバーのメッセージに切り替わり、そして嵐は活動休止へと入っていった。

『They will be Back』

それは間違いなく、再び戻ってくるために――。

嵐 ARASHI
next stage

Last Chapter

嵐からのメッセージ

message from ARASHI

ここではエピローグにある2020年12月31日に行われた

活動休止前の嵐ラストライブ『This is 嵐 LIVE 2020.12.31』で

ステージ上で語られたメンバーMCコメントを

ノーカットバージョンで掲載させて頂こうと思う。

5人の言葉からは、21年間の想い、メンバーとの絆、

ファンへの感謝の気持ち、そして活動再開への秘めた想い……

それらをお感じ頂けるだろう——。

大野智

『メンバー4人とは20年以上一緒にいますが、
一番思うこと、感謝していることは、人としての人間力、人間性だと思ってます。
気配り、気遣い、感謝の気持ち。
人に良くされたら「ありがとう」を必ず言う。
人のことを一番に考えて行動する。
簡単なようで、なかなか出来ることではないと思ってます。
それらを続けてきた4人がいたから、
僕はここまでやってこられたんだと心から思ってます。

本当にありがとう。
僕は明日から自分のことをちょっと考えて、
自分の時間を大切に生きてみようと思ってます。
まあ何するかは決まってないですが、またいつか人のためになれるように。
僕ら5人を結びつけてくれたジャニーさん、本当に感謝してます。
見てるかな？
本当に21年間、たくさんお世話になりました。
ありがとうございました。
では、またね！』

櫻井翔

『会場のペンライト、その明かり一つ一つに、
みんながいると思いながら歌を届けてきました。
みんなが作ってくれた僕たちのペンライトの海は、大海原のような景色でした。
本当に凄い景色。絶景です。
なぜ絶景か?
このステージの上からでしか見ることが出来ないからです。
ずっと忘れない景色だと思います。
少しずつですが、お礼を伝えていきたいと思います。

僕たちはきっと明日以降、来年以降も結構会うと思います。
ご飯行こうよとか、飲みに行こうよとか。
でも個人的には、それは〝嵐に似た何か〟。
でも〝嵐のような何か〟。
なぜなら僕たちは誰かに喜んでもらうために議論をし、
楽しんでもらう準備をしている時、誰かに笑顔を届けることが出来た時、
初めて〝嵐〟と呼べると思う。
いつかまた僕たちが胸を張って「嵐です」と言える、その時まで。
本当に21年間ありがとうございました』

相葉雅紀

『皆さん、本当に今日はありがとうございました。
〝幸せなグループだな〟って、改めてつくづく思いました。
21年、そして休止前の最後の一日が、こんなにも充実したのは、
何よりも配信を見てくださっている皆さんのおかげで、
素敵な一日を過ごすことが出来ました。
一生忘れない一日です。
僕は何度かメンバーに手紙を書いたことがあります。
最初の手紙に「トップになろうね」って書きました。

メンバーは「何がトップかわからないね」って、そんな話をいつもしてました。
今日わかったことは、僕を除いた4人のメンバーは、
「人として、人間としてトップなんだな」——って。
そんなトップの4人と21年やってこられたのは、僕の本当に宝物です。
心から嵐で良かったです。
そしてあなたたちが嵐のファンで良かったです。
今日は本当にありがとうございました』

二宮和也

『皆さんから無数のメッセージを頂いています。
でも、ありがとうを言わなきゃいけないのは我々のほう。
世の中がこういう状況になり、それでも楽しんでくれるみんながいたからこそ、
この２０２０年、僕らは走り切ることができました。
幸せ者だと改めて感じています。
十分幸せだし本当に感謝してるんだけど、
もうひとつだけわがままを言っていいなら、
まだまだツッコミたかったし、もっともっとイジりたかったです。

それが本音かな。
この21年間で発してきた僕の言葉というのはすべて4人に向けたものだったし、
すべて4人が生んでくれたと思っているので、
昨日の夜、それを取り上げられちゃうような気がして、
妙に浸ったりして不思議な時間でした。
欲深い人間ですみません。
横にこんな頼もしい4人がいて、
その目の前に応援してくれるファンの皆さんがいて、
本当に幸せな21年でした』

松本潤

『楽しんで頂けたでしょうか。

少しでも僕たちの気持ちが伝わってたら嬉しいです。

目の前にはいないけど、みんなの想いも伝わってます。

まず、ジャニーさん、13の時にジャニーズに入れてくれてありがとう。

ジュリーさん、ヤンチャな5人をずっと諦めず育ててくれてありがとう。

すべてのスタッフのみんな、嵐に夢を乗っけてくれてありがとう。

僕にとっても、嵐は夢でした。

信じられないほど素晴らしい夢の数々を、一緒に見られて幸せだと思います。

この21年で培った最高の経験を基に歩いていこうと思うし、
時には5人で飲んで、そんな思い出話をしたいと思う。
〝いつかこの夢の続きを出来たらいいな〟——と思います。
それまで皆さん、お元気で。
僕らの音楽をこれからも愛してやってください。
辛い時、元気出したい時、嵐聴いてください。
俺も聴きます』

ARASHI 嵐 next stage

～21年目までの嵐、22年目からの嵐～

〔著者プロフィール〕
矢吹たかを（やぶき・たかを）

学生時代から大手テレビ番組制作会社でアルバイトを始め、数々のバラエティ番組で10年間のキャリアを積んで独立。現在はフリーのディレクター、放送作家として幅広く活躍中。その人脈は若さに似つかわしくないほど広く、直接連絡を取れるテレビ、芸能関係者は優に200人を超えるほど。ジャニーズアイドルとの交流も含め、芸能界、業界に精通している。
本書では、彼の持つネットワークを通して、嵐と交流のある現場スタッフを中心に取材を敢行。メンバーが語った"言葉"と、周辺スタッフから見た彼らの"素顔"を紹介している。
主な著者に『ARASHI ファイナルステージ ―5×嵐―』『嵐 ―未来への希望―』『嵐 ～5人の今、そして未来～』（太陽出版）がある。

ARASHI 嵐 next stage
― 21年目までの嵐、22年目からの嵐―

2021年2月22日　第1刷発行

著　者…………… 矢吹たかを

発行者…………… 籠宮啓輔

発行所…………… 太陽出版
東京都文京区本郷4－1－14　〒113-0033
電話03-3814-0471／FAX03-3814-2366
http://www.taiyoshuppan.net/

デザイン・装丁… 宮島和幸（ケイエム・ファクトリー）

印刷・製本……… 株式会社シナノパブリッシングプレス

ISBN978-4-86723-029-9

◆ 既刊紹介 ◆

嵐 ARASHI Chronicle 1999→2009

スタッフ嵐［編］　¥1,400円+税

デビュー当時の"お宝エピソード"や
"知られざるエピソード"で振り返る「嵐ヒストリー」
側近スタッフだけが知る貴重な5人の素顔を多数収録!
――"あの頃の嵐"が超満載!!

1999　『嵐』5人の誓い　～『デビュー発表イベント』エピソード～
2000　大野クン感激の涙!　～『嵐』結成1周年エピソード～
2001　RADIOSTAR相葉クンの極秘特訓　～相葉クン、初ラジオパーソナリティ番組エピソード～
2002　『嵐』はジャニーズの"イジメられ系"　～『Cの嵐!』番組エピソード～
2003　松本潤&仲間由紀恵"熱愛報道"の真相　～『ごくせん』エピソード～
2004　これで俺も『志村軍団』入りだ!　～『天才!志村どうぶつ園』番組エピソード～
2005　"松潤チェック"に亀梨金田一もKO?　～『金田一少年の事件簿』舞台ウラエピソード～
2006　"『嵐』解散の危機"に、リーダー立つ!　～『木更津キャッツアイ』舞台ウラエピソード～
2007　『華麗なる毒入りプリン』に気をつけろ!　～『花より男子2』撮影エピソード～
2008　『ザッツ･NINOMIYA･エンターテインメント』!　～嵐初『5大ドームツアー』舞台ウラエピソード～
2009　"ジャニーズイチ仲が良いユニット"にライバル出現!!　～"嵐デビュー10周年"エピソード～

嵐 ARASHI Chronicle 2010→2020

スタッフ嵐［編］　¥1,400円+税

2010年から2020年まで――
当時の"お宝エピソード"や"知られざるエピソード"
嵐5人のフレーズで振り返る「嵐ヒストリー」

2010　相葉クン、目指すは超一流!　～『嵐にしやがれ』舞台ウラエピソード～
2012　嵐デビューに隠されていた"13年目の真実"　～『嵐にしやがれ』オフオフエピソード～
2014　15周年コンサートに懸ける嵐メンバーのアツい想い～ハワイコンサートエピソード～
2016　"SMAP解散"で嵐が背負う責任と期待　～SMAP解散エピソード～
2018　『花晴れ』でキンプリ平野クンへ贈ったメッセージ　～『花のち晴れ～花男Next Season～』エピソード～
2020　"嵐20年間"を振り返った松本クンの心境　～"嵐デビュー20周年"エピソード～